大樂文化

暴跌投資

〔舉世公認好公司〕

實戰證明散戶唯一能穩賺 *30%* 的操作策略

十點◎著

CONTENTS

序　章

Top 10% 的投資贏家，
都趁暴跌買進好股票　*017*

第 1 章

為何做價值投資？
這是穩賺 30% 的最佳策略　*031*

第**2**章

如何操作價值股？
教你買進 **Hold** 住、賣出獲利 *075*

CONTENTS

第 3 章

散戶和股市小白必看！
這樣避開 8 個投資陷阱　109

推薦序1

教你遠離炒作和虧損，
學巴菲特追求長期複利

十點的朋友│芒叔

　　我一直很喜歡十點的文字，因為他的寫作主題經常是有感而發、信手拈來，遣詞用字也很輕鬆自在。他能從讀者的視角寫作，不會讓人產生疏離感，而是給人一種話家常的親近感。這樣的文字，十點寫得愜意，讀者看著歡喜且天天都想看。

　　多年來，十點從未停止寫作，他勸人遠離短線炒股的警語、讓人避開理財陷阱的吶喊、教人長期投資的諍言，都是在利他心理驅動下苦口婆心的勸誡。即使十點的文字有一些主觀導向或展望遠景，那又如何呢？在弱肉強食的股市裡，有這樣一個能躬身入局，真正為弱勢群體發聲的人，實屬難能可貴。

　　這本書是十點在股票投資方面持續學習、反覆試驗的縮影，內容結構簡潔清晰。理念上，圍繞「投資理財是為了美好生活」，萬變不離本質。方法上，從「如何遠離虧損」到「怎樣賺確定性高的錢」，再到「追求長期複利」，層層遞進。工具上，既討論價值股和基金，又談論長期持有和定期定額。

　　十點誠意滿滿，在暢談投資實例、分享經驗心得之際，傳達他對人生意義的思考。書中的見解和建議，不僅希望將部分「非理性」的投資者帶向「理性」，還期望進一步將他們從「理性」帶向「非理性」。

　　第一個非理性是指人類的貪婪、恐懼等本能反應，讓大多數人不適合做投資，我們必須克服這些本能。第二個非理性是指人們用理性賺到可持續的收益後，一定要活得任性一點去改善生活，不要過分算計。畢竟，賺錢的最終目標並非財富最大化，而是生活過得舒心美好。

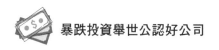

在「把生活過得舒心美好」這方面，十點堪稱楷模。他對美好生活的分享，也讓他在電商的一片紅海中開拓出「闖貨」購物平台，是一項很重要的成就。闖貨在商業之外、利益之上的構想，讓人心馳神往，它的願景是讓所有關係人，無論是客戶、員工或供應商，都過著美好生活。

十點像巴菲特一樣，跳著踢踏舞做著世界上最有趣的工作，並堅信最好的故事依然在明天。感恩這個時代，感謝十點兄的分享，我獲益良多，希望讀者也一樣。

推薦序2

投資像沙裡淘金，
要找有雄厚護城河的好公司

十點的粉絲｜雷敏功

　　十點邀請我為他的新書寫序，但我是個投資門外漢，怎麼肩負這項重任？然而我被他的誠意感動，於是恭敬不如從命。

　　2022 年 2 月 25 日，A 股市場迎來歷史性時刻。中國證券登記結算有限公司宣稱，A 股的投資者開戶數量已達 2 億，這是其他國家難以想像的數字。據悉有近半數股民重複開戶，但真正在股市交易的投資者仍有大約 8 千萬人。

　　每位股民都是懷著憧憬踏入股市，期望透過投資增加收入，跑贏通貨膨脹，甚至實現財務自由。然而，「七虧二平一盈」的股市定律，導致 70%的股民常年虧損。

　　股市如同海洋，看似平靜的海面下，實則暗流洶湧，充斥種種陷阱。這片海洋時不時會出現颱風，捲走眾多股民辛苦累積的血汗錢，讓人只能望洋興嘆、扼腕痛惜。我也曾是這 70%虧損大軍中的一員，俗稱散戶，又叫韭菜。

　　2011 年，我自學一些 K 線之類的知識，開始涉入股市，主要透過看股票評論、聽小道消息及追即時快訊來炒股。在我眼中，所有的股票只是不同的代碼，我懵然不懂哪些公司是垃圾公司，哪些股票有投資價值。

　　時常我剛買進一檔股票，它就一路下跌，直到我忍受不了而賣出停損，它就開始往上漲。經過 2015 年上半年的大牛市，我好不容易賺回過去虧損的本金，但是再經歷接踵而來的史詩級股市雪崩、千股跌停或停牌，以及國家出手救市後的千股漲停，甚至 2016 年初觸發熔斷機制的千股再跌停，我已是屢戰屢敗、虧損累累。

股海茫茫、雲譎波詭，我苦苦尋覓高明的老師為我指點迷津。在 2018 年的春天，我的希望實現了，朋友推薦我看一篇關於價值股分析的文章，作者正是十點，他從 10 個方面詳細分析一檔價值股，內容有理有據，很有說服力，我閱讀後欲罷不能。

從此之後，我密切關注十點的公眾號「拾個點」。十點陸續分析 A 股多家優質公司，這些文章讓我茅塞頓開：投資就像沙裡淘金，要尋找有雄厚實力、寬闊護城河，且十年、百年不倒閉的公司，並長期持有。價值投資才是股市投資的正道，而追漲殺跌、跟風盯盤及炒概念股的投機作法，必然導致虧損的結局。

「拾個點」在週一至週五每天上午十點更新文章，主題大多是價值投資之道、定期定額投資基金，偶爾談論創業和生活。作者不厭其煩地告訴粉絲，怎樣遠離虧損，如何才能賺錢，其真誠之心令人感動。

2018 年，A 股市場持續下跌，最優質的公司也跌到買得起、值得買的價位。我挑選幾檔十點推薦的價值股，堅定地持有，而且它們跌得越多，我買進的數量越多。到了年底進行盤點，雖然我的帳面仍是虧損，但這幾檔價值股的績效跑贏上證指數、深證成指及創業板指數，證券公司的經理還稱讚我「打敗 80% 的投資者」。我打從心底感謝十點，他引導無數韭菜走上價值投資的坦途。

十點有如茫茫股海中的一座燈塔，當股市行情大好，他會一再提醒大家，避開行業泡沫即將破裂的巨大風險。當瘟疫、戰爭這些黑天鵝來襲，股市哀鴻遍野，資金紛紛出逃時，他會大聲呼籲粉絲：「別怕，雙倍或四倍定期定額投資指數基金！」果然，在每次非理性的持續暴跌後，市場必然出現一波大反彈。因此，十點贏得眾多粉絲的信任。

不同於一般堆砌術語、故作高深的財經寫手，十點撰寫投資文章時，深入淺出、循循善誘，易讀易懂的話語蘊含深刻的投資理念和人生道理。現在，匯集十點多年心血的書籍正式出版，我相信一定有更多讀者從中受益。

作者序

好股票暴跌不是風險，
價值投資幫你賺確定性高的錢

　　我閱讀過許多好書，很感謝前人撰寫並留下這些富饒的智慧，近十年來，我在投資和企業經營方面，確實成為前人智慧的受益者。

　　在投資上，這些好書讓我脫離短線交易的泥潭，轉為從事價值投資，不僅賺到更多更穩定的獲利，而且經歷更幸福的投資體驗。以前我做短線交易時，心情總會受到股價波動所影響，現在我買進自己理解的好公司，「不管風吹浪打，勝似閒庭信步」，感覺真的很美妙。

　　長期來看，價值投資還讓我獲得額外的好處。因為不用天天盯盤和復盤，我有大量時間可以閱讀和寫作，起初可能只是為了提高投資報酬、經營自媒體，但逐漸地，我的思考廣度和深度都產生質的飛躍。

　　這幾年，我運用從書中學到的知識，每天在公眾號「拾個點」寫作，幫助不少迷失的散戶朋友走上正確的投資道路，使他們的工作、生活及家庭都徹底改變。而且，我從零開始打造出一個年銷售額近十億元、有三百多位工作者的新型電商平台「闖貨」，這個事業每年仍持續成長。

　　在此同時，十點的價值投資從千萬元成長到幾億元的規模，年化報酬率超過 40％。無論是粉絲的轉變、闖貨的誕生和發展，還是投資獲利的成長，都是基於前人智慧而推動。

✚ 前人智慧和夥伴支持，是成功的助力

　　在這本《暴跌投資舉世公認好公司》出版之際，我要特別感謝幾位作者和他們的著作。

　　首先，感謝《基業長青》的作者詹姆・柯林斯（Jim Collins），此書讓

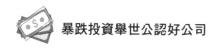

我們擁有非凡的企業文化。

其次,感謝《稻盛和夫的實踐阿米巴經營》的作者稻盛和夫,此書讓我們具有出色的財務管理和獨特的成本核算機制。由於採用阿米巴經營模式,我管理三百多人的團隊和每年達數億元的採購金額,卻沒有被淹沒在煩瑣的簽字與審批當中,而且公司帳務體系井然有序。

接著,感謝《零規則》的作者里德‧海斯汀(Reed Hastings),此書讓我們建立坦誠的企業核心價值觀,形成快樂又高效的企業文化。書中提出的人才密度理念,幫我們凝聚許多優秀同事。

最後,感謝《海底撈你學不會》的作者黃鐵鷹,此書教會我們做服務,建構優質服務的理念框架。當然,也要感謝張勇董事長的無私分享,讓我們學到海底撈的精髓。

我們受到上述 4 本書莫大的幫助,如果沒有它們,一定沒有今日的成就。我在深切體會閱讀的重要性之際,更深刻認識到提供優質好書的必要性。

除了上述 4 本書及其作者之外,這本書也歸功於出版社編輯的辛勤付出。由於書中內容都是我歷年即興發揮,寫在「拾個點」公眾號上的文章,因此表達得比較口語,距離正式出版物還相當遠。感謝編輯逐字逐句修正文稿裡的種種問題,本書才得以順利出版。

基於對前人智慧的感激和傳承,我決定把自己多年學習和總結的某些內容,整理成這本書,雖然不是什麼高深的智慧,但確實是適合一般投資人改變現狀的好建議。我從一個貧窮的農村孩子,成長到一個帶領數百人團隊的管理者,依靠的就是我在本書中毫無保留的建議。

✚ 只要有理想,今日付出為明日成就鋪路

我的家境貧寒,父母都是文盲,我靠著降分錄取,進入一所普通的專科學校(因為報考人數少、招生不足才降分)。我這樣一個普通人,在今天擁有大多數人夢寐以求的東西,包括了出色的團隊、穩定的公司、幸福的家庭、自由的時間、自主的工作等,正印證一句話:「人只要有理想,

經過長時間的不斷學習和努力，理想都會實現。」

　　馬雲曾說：「我能成功，中國80％的人都會成功。」這句話用在我身上，可以再誇張一點：「我能成功，中國99％的人都會成功。」

　　感謝我的妻子十點嫂，她擁有非凡的胸懷，每到關鍵時刻，總會給予我最好的建議，因此沒有她就沒有今天的我。藉此機會，再次表達對她的感激之情。同時，特別提及兩個寶貝女兒，希望這本書可以給她們留下一點成長心得。

　　而且，感謝我的父母，他們賦予我最寶貴的品格──誠實。就撰寫公眾號的文章而言，當有些人為了吸引流量而各顯神通時，「拾個點」的誠實風格贏得十幾萬名忠實粉絲。

　　假如你喜歡這本書，歡迎造訪「拾個點」。我仍堅持週一至週五每天更新一篇2千字左右的文章，這件事已堅持整整7年。對此，我必須感謝高中國文老師，他要求全班同學在高中3年間每天寫一篇作文，結果全班只有我堅持下來，而且在二十多年後促成本書的誕生。這印證了一句話：「今天的努力都是為將來的成就架橋鋪路。」

　　期望我的書能幫助你走向未來的寬橋明路！

▶ 事實證明，長期投資的複利會超越短期炒股

▶ 贏家都善用第二層次思維，懂得應對黑天鵝事件

Top 10% 的投資贏家，
都趁暴跌買進好股票

0-1

事實證明，長期投資的複利會超越短期炒股

　　五十多年前，在華爾街有個聲名遠播的人物，此人正是鼎鼎有名的華裔金融家蔡至勇，又名傑拉德·蔡（Gerald Tsai Jr.）。蔡至勇 1929 年出生於上海，父親是福特汽車公司的上海地區經理，母親是上海證券交易所的交易員。

　　蔡至勇走向華爾街，顯然受到母親的影響，而且在華爾街奮鬥的風雲歲月裡，母親始終是他的堅強後盾。巔峰時期的蔡至勇在華爾街的影響力，一點也不輸今日的股神華倫·巴菲特（Warren Buffett），當時巴菲特還只是一個小角色。

　　1958 年至 1965 年，蔡至勇的富達資本基金（Fidelity Capital Fund）持續高速成長，沒有一年虧損，幫投資人賺了 27 倍，令人嘆為觀止。相較之下，巴菲特在這 8 年的累積報酬率為 251％，雖然遠超過道瓊指數的成長，但比不上蔡至勇的績效。

　　1965 年，巴菲特管理的資金總額為 3,700 萬美元，蔡至勇管理的基金規模則是 10 億美元。所以，那個時期只要提到蔡至勇的名字，基金就可以大賣，不管窮人還是富人，都認購他的基金產品。

　　華爾街著名基金經理人彼得·林區（Peter Lynch）曾在《征服股海》一書講述：「連我的母親，一個只有少量存款的寡婦，也被這波基金狂潮影響，

在一個兼職推銷基金的老師勸說下，購買富達資本基金。讓她感興趣的是，這檔基金由一位華人管理，她相信東方人的頭腦非常聰明，這位華人就是傑拉德‧蔡。他和管理富達趨勢基金的愛德華‧強森三世（Edward Johnson III），並稱那個時代基金經理人中的絕代雙驕。」

這樣一位炙手可熱的人物，在晚年時為了一個訂婚戒指，和 55 歲的未婚妻鬧上法庭，而且還沒等到判決，就在 2008 年 7 月 9 日去世，最後這件事也不了了之。享年 79 歲的蔡至勇，出生於 1929 年的經濟大蕭條時期，離世於 2008 年的金融海嘯時期，似乎一生注定跌宕起伏。

相較之下，巴菲特的個人資產，在 2008 年時已經高達 400 億美元，而且仍急速膨脹。他們兩人之間存在什麼樣的差別，使得一人健康長壽，資產節節攀高；另一人卻相對早逝，資產未見成長呢？

✚ 長期投資 vs. 短線投機

巴菲特和蔡志勇的差別不在出身，也不是原始資本，更不是運氣，而是選擇不同的路──前者選擇長期價值投資，後者選擇短線投機。

蔡至勇無疑是成功的投機家。1959 年至 1961 年，他每年的基金報酬率都超過 50%，同期的道瓊指數漲幅分別為 20%、–6.2%、22.4%。巴菲特同期的投資績效分別為 25.9%、22.8%、45.9%，遠遠落後蔡至勇。

1962 年，蔡至勇的基金出現虧損，但是他持續買進、重倉抄底，成功在年底延續報酬率超過 50% 的神話。1963 年至 1965 年，蔡至勇繼續延續這個神話，躋身華爾街傳奇人物，變成人人傳頌的「來自東方的金融魔術師」，只要他染指的股票，立刻就受到追捧。

「傑拉德‧蔡正在買進……」，讓華爾街的老人想起「傑西‧李佛摩（Jesse Livermore）（注：被《時代》雜誌形容為「最活躍的美國股市投機客」，也有「華爾街大空頭」之稱）正在買進……」，這種瘋狂和號召力，即使在當今的 A 股市場也無出其右。

1965 年，蔡至勇發覺無法接班掌舵富達資本基金公司，便把股權賣掉，並離開富達資本基金。他憑著自己在華爾街的名氣，很快成立自己的曼哈

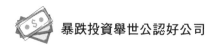

表A 投資巴菲特旗下基金的收益情況（1966 ～ 1974 年）

年份	1966	1967	1968	1969	1970
報酬率	20.40%	35.90%	58.80%	6.80%	12%
資產規模	1,204,000	1,636,236	2,598,343	2,775,030	3,108,034
年份	1971	1972	1973	1974	
報酬率	16.40%	21.70%	4.70%	5.50%	
資產規模	3,617,751	4,402,803	4,609,735	4,863,270	

資產規模單位：美元

頓基金（Manhattan Fund），在 1966 年 2 月 15 日正式運行。資金如潮水般湧入，首期馬上募到 2.47 億美元，每年收取 0.5%的管理費，他的年收入超過 120 多萬美元（相當於現在的 1,000 萬美元）。

1968 年，曼哈頓基金的總資產高達 5 億美元，但是績效失去以往的風采。1968 年虧損 6.9％，1969 年虧損 36.8％，1970 年虧損 28.8％，到了 1974 年，基金的整體虧損超過 70％。這相當於如果在 1966 年投資 100 萬美元到曼哈頓基金，8 年後只剩下 30 萬美元。

在同時期（1966 年至 1974 年），巴菲特的績效都是正收益，無一年虧損，分別為 20.4％、35.9％、58.8％、6.8％、12％、16.4％、21.7％、4.7％、5.5％。（1969 年，巴菲特解散合夥事業公司〔Buffett Partnership〕，之後他的績效由波克夏・海瑟威公司〔Berkshire Hathaway〕的業績來代替。）如果你在 1966 年將 100 萬美元投資到巴菲特的基金，8 年後會擁有多少資產呢？見表 A。

這 8 年，默默無聞的巴菲特把 100 萬美元變成 486 萬元，而明星基金經理人蔡至勇卻把 100 萬美元變成 30 萬美元，兩者相差 16 倍之多。難怪50 年後，他們的個人資產相差數百、數千倍。

人品是股神最寶貴的財富

他們兩人同樣是做基金，蔡至勇始終在投機，而且每次都能如願，也算是一種奇蹟。

蔡至勇早年的績效是靠短線博弈做出來，他快進快出、追逐熱點，遇到美股 10 年大牛市，所以僥倖賺得幾年高報酬。在他為客戶買進的 45 檔股票當中，半數以上虧損大於 90%，這與散戶追逐熱點、買概念股是一樣的。1973 年，44 歲的蔡至勇把曼哈頓基金打包賣給一家保險公司，成功套現賺到 2,700 萬美元。

比蔡至勇小一歲的巴菲特，1969 年解散合夥事業時，個人資產達到 2,650 萬美元，身價已經追上蔡志勇。但是，他們有一個本質上的區別：巴菲特靠幫客戶賺錢獲利，而蔡至勇靠出售客戶信任獲利。幾十年後，他們之間的差距越拉越大，儘管蔡至勇的起點很高，卻被巴菲特的長期複利所打敗。

巴菲特如何善待客戶的信任？ 1969 年，他準備解散合夥事業時，基金總資產大約 1 億美元，包括現金 5,600 萬美元和 3 檔標出合理估值的股票。他將可供選擇的方案全部列出，讓基金持有人優先選擇，可以拿回全現金、全股票或兩者都有一些，最後剩下的才由巴菲特持有。

雖然巴菲特希望持有人選擇現金，但是他坦誠告訴大家：「我的個人看法是，多元零售企業和波克夏・海瑟威股票的內在價值，未來幾年會有大幅成長，我認為這兩類股票都可以長期持有。」的確，如果當年選擇波克夏・海瑟威的股票，到 2020 年差不多上漲一萬倍，股價由 38 美元漲到 35 萬美元。

當時，巴菲特還為選擇拿回現金的人，提供專業的理財建議，並介紹可靠的合夥基金，可說是負責到底。正因為巴菲特如此珍惜客戶對他的信任，才有波克夏・海瑟威公司的輝煌，以及今日的股神。他「神」的不僅是賺錢能力，更是人品。

這讓我想起，之前有一位廣州客戶，想把 700 萬元（注：本書未特別標示的幣值皆為人民幣）全部投資芒叔的基金，芒叔卻真誠地向他推薦其

他幾檔頂尖私募基金,希望他合理配置資產。芒叔並非不敢接下這筆資金,而是站在客戶的角度,幫他合理配置優秀基金,同時客觀做比較,確定是最堅定的選擇,才能更安心地賺到能力範圍內的錢。

此外,有一位客戶把家裡的存款、房產、理財等全部資產狀況,都告訴芒叔,芒叔則給予他整體資產的合理配置方案。芒叔說,這是他為客戶提供的服務之一,他不只是管理客戶委託給他的資金。

把路選對,可以少走彎路,也能活得更久。截至 2020 年,蔡至勇已經離世 12 年,在這 12 年裡,巴菲特又賺取 500 億美元。

投資就像一場馬拉松,最後不只拚壽命長短或資產總額,過程中的快樂也很重要。價值投資同時具備過程快樂和結局美好這兩個條件,還不值得你堅持去做嗎?

十點來解答

文武:

我看好的一檔股票跌得很厲害,十點覺得這是個機會,還是公司內部有什麼地雷要爆了?

十點:

投資者在股票跌的時候,總有各種懷疑,在漲的時候,總有各種理由買進。實際上,心裡沒把握就是沒有能力賺這個錢,應該老實做定期定額投資,如果做定期定額也沒把握,就乾脆離開股市。靠運氣賺的錢遲早都會還回去,而且過程很痛苦,實在不划算。

>>>

晴天：

　　十點老師，我最近認識一個朋友，他邀我跟他投資股票，説是用凱利公式法計算買賣點。我不信任這些，但是想知道什麼是凱利公式？

十點：

　　你等他發財了再動手也不遲。好好工作，努力賺踏實的錢！

0-2
贏家都善用第二層次思維，懂得應對黑天鵝事件

想在投資上取得成功，最需要具備的特質是什麼？

專業的金融知識嗎？不是，金融專業出身的人，投資績效不見得好，而且很多知名投資者都是半路出家，所學專業與投資績效不太相關。

舉例來說，巴菲特的傳奇合夥人查理・蒙格（Charles Munger）畢業於哈佛法學院，原本是一名律師。中國著名基金經理人但斌，大學是體育相關專業，原本在河南一家化肥廠當維修工，陰錯陽差才開始投資。中國股神林園，大學是臨床醫學專業，畢業後幾經輾轉，在深圳博物館找到一份工作穩定下來，與股票投資是毫無關聯。

很高的智商嗎？不是，很多智商高的人也在投資中遭遇失敗。

舉例來說，長期資本管理公司（Long-Term Capital Management）是由一群數學家、電腦專家及兩名諾貝爾經濟學獎得主管理的對沖基金，擁有聰明的人才和複雜的演算法模型。但是，它在 1998 年的債券投資中慘敗，幾週內損失 20 多億美元，瞬間倒閉。

牛頓被稱為近代物理學之父，但投資績效很糟糕。1720 年，他買進當時最熱門的南海公司，股票一路上漲，他覺得漲得很高，於是清倉離場，淨賺 7,000 英鎊，報酬率高達 100%。但是，南海公司的股票繼續暴漲，一個月後，牛頓被市場情緒感染，以高出許多的價格買回股票，結果南海泡

沫破滅，他倒賠 2 萬英鎊。從此，他不准任何人在他面前提起「南海」二字。

實際上，想在投資上取得成功，個人應該具備的特質只有兩個：品格與思維方式。我們在前文談過品格，接下來談思維。

✚ 第二層次思維幫你在股市占得先機

戰勝市場是投資成功的標準之一。但是，整個股票市場的高手太多了，想要戰勝市場，必須比這些高手做得更好，因此你要擁有一種與眾不同的思維方式。

霍華・馬克斯（Howard Marks）在其著作《投資最重要的事》中，把這種思維方式稱作「第二層次思維」。他認為，第一層次思維只是尋找簡單的準則和答案，人人都能做到，與大部分人的看法相同，而第二層次思維深邃、複雜又迂迴，能認識投資的複雜性，與大部分人的看法不同。

如果你的觀點與絕大多數人相同，就無法戰勝市場，因為多數人的全體就是市場本身。當大家都意識到某檔股票值得投資，紛紛買進時，它的價格自然會被推高，不再值得投資。

所以，想在眾多競爭者中領先，必須依靠正確又非共識的分析。簡單來說，第二層次思維是一種與眾不同且更好的思維，可說是一種逆向投資的思維。

舉例來說，看到一家優秀的公司，第一層次思維的人會想：「這是一家好公司，我們應該買它的股票。」第二層次思維的人則想：「這是一家好公司，但人人都看好，因此它的價格過高，不值得投資。」看到經濟數據低迷，第一層次思維的人會想：「成長乏力，經濟遇冷，前景不佳，趕緊清倉。」第二層次思維的人則想：「前景糟糕透頂，身邊所有人都在恐慌拋售，此時應該買進。」

由此可見，第一層次思維的人只對事物的聯繫進行簡單推理。看到利多消息就認為會漲，於是買進；遇到利空消息就認為會跌，於是賣出。

第二層次思維的人會多方思考，除了看到事物的表面聯繫，還會考慮很多因素，例如：未來可能會出現什麼樣的結果？我認為會出現什麼結果？

人們的共識是什麼？我的預期與人們的共識有多大差異？價格反映的市場共識是過於樂觀，還是過於悲觀？如果大眾的看法正確，股票價格會怎麼變化？如果我的觀點正確，股票價格會怎麼變化？

就像下棋一樣，普通人下棋只看一兩步，而高手則能往後推演好幾步，甚至十幾步，把可能遇到哪些情況、該怎麼應對都提前想好。

著名的逆向投資大師約翰·坦伯頓（John Templeton）從小受父親的影響，很早就具備第二層次思維。1920 年代末，恰逢經濟大蕭條，很多農場主人因為投資失敗，而被迫拍賣農場。坦伯頓住在小鎮廣場旁邊，從二樓窗戶可以看到當地法院。每次法院拍賣農場時，他父親會在二樓密切關注，若沒有出價者，就趕緊到廣場出價，於是他父親總能以極其低廉的價格買到農場。

那些參與拍賣的人僅看到農場位置不好、土地貧瘠等因素，所以不願出價。不過，坦伯頓的父親看到，雖然農場的條件不好，但如果你是唯一的出價者，就能以超乎想像的低價買到農場，同樣能大賺一筆。

股市也一再上演類似農場無人問津的情況。坦伯頓在投資時，採用與他父親一樣的逆向投資理念，取得巨大的成功。

人們經常問坦伯頓：「什麼時候前景最樂觀？」不過坦伯頓總說：「應該問何時前景最黯淡？」言下之意，當大家覺得前景黯淡時，才是真正的機會。

✚ 只有逆向思考並不夠

舉另一個例子，貴州茅台在 2012 年、2013 年先後遭遇一系列利空事件，很多投資者都覺得該股要下跌，紛紛拋售，股價從 150 元跌到 70 多元。

然而，但斌認為利空對貴州茅台只有短期影響，因為貴州茅台有很寬的護城河，只要中國的飲酒文化不變，貴州茅台就有持續成長的動力。市場的恐慌反而給他撿便宜的機會，所以他非但沒有賣出貴州茅台，反而越跌越買。現在的貴州茅台超過千元的股價，可見他當時的逆向決策多麼明智。

　　再看看股市因疫情而恐慌暴跌的事。2020 年年初，很多人在過年休市期間，看疫情越來越嚴重，又看港股、美股等市場暴跌，再加上財經媒體對恐慌情緒的渲染，自然而然得出 A 股將陷入長時間低迷的結論。

　　不過，如果利用第二層次思維，思考得更深一點，就會得出不一樣的結論。與歷史相比，當時 A 股整體處於被低估的水準，疫情雖然短期對不少企業造成大幅影響，但長期來看不會影響真正優秀企業的價值。疫情過去後，茅台酒照樣供不應求，招商銀行的服務照樣好，至於實力不強、財務不穩的企業會在疫情中被淘汰，對龍頭企業來說反而是利多。

　　再看總體經濟，很多人覺得疫情使中國經濟雪上加霜，從而拖累股市。疫情確實對 2020 年上半年的中國經濟帶來很大影響，不過疫情嚴重影響經濟時，國家一定會祭出更寬鬆的財政和貨幣政策，以刺激經濟發展，這反而是一種利多。所以，股市的恐慌性暴跌不但不是壞事，反而是繼續加倉或上車的好機會，應該果斷進場買股。

　　也有相反的案例，我們經常看到上市公司公佈利多消息，但股價不漲反跌，俗稱「見光死」。因為市場對這個消息已醞釀很長時間，利多預期早就反映在前期股價的大幅上漲。當利多消息公佈時，如果剛達到預期或低於預期，股價就缺乏進一步上漲的動力，前期的獲利盤會借機離場。如果只用第一層次思維思考問題，看到利多就不假思索地買進，只會成為接盤俠。

　　要注意的是，僅僅做到與大眾相反的投資是不夠的，千萬不要為了逆向而逆向。第二層次思維不只是與眾不同且更好的思維，還會更準確地思考問題。因此，你必須確保自己在投資時，不僅知道你的想法與大眾相反，還知道你的分析邏輯、大眾的看法錯在哪裡、市場是不是有過度反應的情緒，才能提高分析的準確率，也有助克服從眾的強大心理壓力，堅持自己的觀點。

　　大多數人不具備第二層次思維，甚至不知道有這種思維方式。從某種意義上來說，這未嘗不是一件好事，因為這些人的大量存在，使第二層次思維的人在市場中更具優勢。如果率先瞭解這一點，並有意識地思考，就能在市場的眾多競爭者中占得先機，獲得超額報酬。

關於第二層次思維的深入解釋，以及如何正確理解價值與價格的關係，做出精準的投資決策，可以在《投資最重要的事》中找到答案。重點是，無論怎麼判斷，我們都不能只看一段短時間。短期內的準確率波動很大，長期間只要大部分準確，就有參考價值。

✛ 提升反脆弱性，不再怕黑天鵝

在投資市場，無法謀求 100% 的準確率，即使價值投資也可能會踩雷，我們要做的不是追求完美的估值和風險控制，而是備妥因應方案，確保萬一出現黑天鵝事件，也不會毀滅，甚至能從中受益，這才是我們追求的方向。

知名思想家納西姆・尼可拉・塔雷伯（Nassim Nicholas Taleb）的《反脆弱》，教我們很多提升反脆弱能力的方法，這些方法不僅可以用在投資上，生活中也可以廣泛應用。

除了《反脆弱》，塔雷伯的《黑天鵝效應》也是投資者必讀的書籍。我常告誡粉絲，首先要保證本金的安全，避免追漲殺跌或是利用槓桿進行高風險投資。這些機會表面誘人，報酬率很高，一旦遭遇黑天鵝事件，出現形勢逆轉、泡沫破滅，將會血本無歸。

黑天鵝事件是指稀有且很難事前預測，但有極大衝擊性的事件。其典故起源於歐洲，在 17 世紀前，歐洲人只見過白天鵝，所以認為所有的天鵝都是白色的，直到後來他們在澳大利亞發現黑天鵝，才徹底顛覆認知。

歷史上發生過很多黑天鵝事件，都對人類的歷史產生深遠的影響，例如：第二次世界大戰、911 恐怖襲擊、英國脫歐等。在投資領域也有很多，例如：1997 年東南亞金融危機、2008 年次貸危機等，都為投資者帶來巨額的虧損。

正因黑天鵝事件很難預測，又會帶來災難性的後果，所以我們必須清楚它背後的機制，知道如何應對，以盡可能降低自身的風險，並確保安全。

我建議大家投向價值投資的懷抱，把本來用於盯盤的大量時間用在閱讀、工作、休閒上，可以讓工作越做越好，生活越來越豐富。透過大量閱讀，

你會發現自己的能力圈越來越大，思考越來越深。

　　以前的你很努力，但是方向錯誤，所以努力 10 年、20 年還是虧錢。現在你好好體驗生活，才能更加理解公司的商業模式，因為所有的商業活動都是為生活服務。

　　如果一個創業者天天盯著錢，一定不會成功，即使僥倖成功，也不會快樂。投資也一樣，如果你每天盯牢股價，只會既痛苦又賺不到錢。距離市場太近，功利性太強，往往會失去理智，而對手就是利用這種失去理智的心理，來操作賺錢。

十 點 來 解 答

森林之王：

　　本來想按照十點老師對大盤的判斷，來買股指期貨，結果運氣不好，出現幾次失誤，不過我相信這是暫時的。我看過《反脆弱》，它寫得很好，值得投資者閱讀。

十點：

　　股指期貨風險太大，一般用於機構對沖風險，別試圖靠單邊做股指期貨賺錢，機率跟中樂透差不多。

▶ 血淋淋案例！相信內線消息，反而損失幾千萬

▶ 長期持有價值股並形成⋯⋯，最可靠又報酬高

▶ 只做短線加上槓桿，暴跌時會賠得一塌糊塗！

▶ 把握企業利潤高的好標的，不論熊市牛市都能賺

▶ 洞悉價格與價值的關係，你不再受股價漲跌左右

▶ 下跌時從 2 個方面考量持股和交易，就能安穩獲利

▶ 長期持有舉世公認的好股票，虧錢風險近乎零

▶ 巴菲特說價值投資不須高智商，只要堅守什麼？

為何做價值投資？
這是穩賺30%的最佳策略

1-1

血淋淋案例！相信內線消息，反而損失幾千萬

　　有一次，我拜訪一個做童裝外銷二十多年的朋友，參觀他的工廠，結果偌大的辦公室只有十幾個人，情況慘不忍睹。近二十年他都是順風順水，因為他很專注，只做歐美名牌的童裝代工，累積不少財產，於是他從 3 年前開始涉足各行各業的投資。

　　他向我訴苦，這 3 年投資 8 個領域都損失慘重，例如：買礦、做股票、銷售食品等，其中虧得最慘的是投資股票，一次虧損幾千萬。為什麼他做股票慘賠？原來，他有個朋友透露一個內線消息，於是他用全家的證券戶買進同一檔股票，投入幾千萬元，以為能大賺一筆。

　　結果，在他買進後，這檔股票一直跌。不久後，他被證監會約談與調查，原因是如果他涉及內線交易，即使虧錢也必須受到法律制裁。經過調查後發現，他其實是受害者，那個朋友給的消息是一個陷阱，對方把不值錢的股票都賣給他，讓他成為冤大頭。還好他只是被騙，花錢就能消災，否則必定吃牢飯。

　　雖然他避開牢獄之災，但這件事對他的生意造成很大的衝擊。一生未曾做過虧心事的他，自從遭受調查後，心智完全被擾亂，甚至對客戶破口大罵，結果客戶一個個流失，生意一落千丈。而且禍不單行，疫情爆發使客戶訂單直接清零，工廠裡庫存堆積，國內市場一時又打不開，真是困難

重重。

最近他反思這幾年走過的路，我幫他總結出兩個重點，也同樣適用於其他有一定財富累積的人。

✛ 惡念和惡事一點都不能有

第一個重點是：「實現財富自由的人不要想著再發財，守住不被騙的底線，此生就無憂了。」當我講出這句話時，他感慨萬千，表示真希望早點認識我。其實，如果他在被騙之前聽到我這樣講，很可能聽不進去。人生有很多學費必定要繳，因此不必耿耿於懷曾在股市虧損多少，這是必經的過程，某種意義上也是一種投資。

第二個重點是：「做任何事情，不能有惡的念頭，更不能做惡事。」只要有一點惡的念頭，遲早一定會嘗到惡果。他一開始想透過內線交易賺快錢，結果付出幾千萬元的代價，還差點犯法入獄。如果當時他知道絕不能做內線交易的惡事，沒有惡的念頭，就不會有後面的惡果。

聽信內線消息買股票的人，無論如何都會慘遭滑鐵盧。若消息屬實，依照證券相關法規，他們很快會被抓到、銀鐺入獄；若消息不屬實，他們會付出慘重的金錢代價。因此，下次聽到任何消息時，一定要自動過濾，只要沒有惡的念頭，即使遇上意外事件，也不會是大事。

凡事要走正道，如果行得正、見得光，生活就坦蕩快樂，身體自然也健康。壞事做多，哪怕現在沒有報應，最終也會害到自己。試想，如果你是壞人，往往會覺得身邊都是壞人，然後做出各種提防，產生各種負面情緒，逐漸影響到身心健康。

我大力推薦《高年級實習生》這部電影，其中講述年過 70 歲的退休銀髮族班・惠塔克，被一家公司聘雇為實習生，而年紀輕輕的老闆茱兒・奧斯汀同時背負工作和家庭的重擔，生活失去平衡，連公司董事會也開始質疑她的工作能力。人生閱歷豐富的班幫助茱兒重新認識自我，兩人從老闆與部屬的關係發展為無話不談的忘年之交。

不論你的年紀大小，這部電影都受用。對年長者來說，人老心不老、

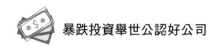

抱持積極的生活態度是幸福的基礎。對年輕人來說，平衡家庭與事業才是正確的生活方向，只顧事業不顧家庭是不幸的開始。

十 點 來 解 答

網友：

　　一位華人首富曾說：「世界上最浪費時間的事，是跟年輕人講經驗，講一萬句不如他們自己摔一跤，因為人們從來不肯從歷史中吸取教訓。」眼淚教他們做人，後悔幫他們成長，疼痛是最好的老師，人生該走的彎路，一點都少不了。

十點：

　　雖然知道很多彎路得親自走過才能深刻領悟，但我還是希望大家少走一點彎路。

1-2

長期持有價值股並形成⋯⋯，
最可靠又報酬高

坦白說，我人生中買進的第一檔股票是消息股。2006 年 7 月，我初入股市，跟隨一位老師，他對我說：「甲股票有可靠消息，股價要漲到 20 元，你買這個。」我絲毫不懷疑這個消息的真實性，閉眼就買進。下頁圖 1-1 是這檔股票 2006 年的日線圖。

之前這檔股票一直在漲，我大概在圖 1-1 中的最高位附近買進，股價不到 10 元。我想起老師說它要漲到 20 元，我幻想未來可以賺一倍，於是不假思索地買進 10 萬元。那時候，我的年薪不到 10 萬元，如果買進 10 萬元，就能多賺 10 萬元，豈不是多了一年薪水？到時候或許可以當專業股民。

我買進沒幾天，股價果真上漲，我感覺要發財了，又追加 10 萬元，總共投入 20 萬元。上漲幾天後，差不多有 7,000 元利潤，相當於我的月薪。之後，突然一天下跌 7%，本金減少 1.4 萬元，不僅前面的利潤沒了，還倒虧 7,000 元。本來幾天賺取一個月的月薪，現在一天虧損兩個月的月薪，落差很大。不過，我想到股價會漲到 20 元，目前虧損只是暫時的，心裡便好過很多。誰知這樣的下跌只是開始。

隨後，連續幾天又下跌 15%，加上前面的跌幅，7 天共下跌 22%，本金虧損 4.4 萬元，這是我半年的薪水。我開始想出場，但心有不甘，砍不下手，決定繼續抱股。那時候，不論是在開會、出差，還是在路上，我隨時

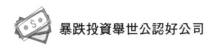

圖1-1　甲股票日線圖（2006年買進位置）

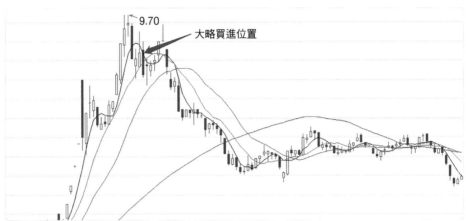

查看股市行情，心裡總是忐忑不安。

　　這檔股票持續下跌一個多月後，終於開始反彈，大約回升三分之一，但沒回到原來的高點，一直橫盤震盪，持續兩個月（見圖1-2灰框）。當時是百年一遇的大牛市，許多股票都翻了數倍，大盤也上漲20%，但我的持股還深套20%，心裡實在不是滋味。

　　最慘的還在後面，這檔股票盤整兩個月後，不但沒有往上走，反而直接調頭往下，連跌半個月，一點反彈跡象都沒有，甚至越跌越凶。圖1-2中箭頭所指的陰線，是壓垮我的最後一根稻草。當天我打開帳戶，看到累計虧損已超過45%，幾乎虧了一年的年薪，而且無法想像它還會跌多少。連續的下跌讓我心力交瘁，沒有心思工作，決定當天賣出止損。賣掉股票後，我感覺好輕鬆，終於止血、不用每天虧錢了。

　　可是，輕鬆的心情還沒持續24小時，我馬上痛不欲生，因為這檔股票在我賣出的隔天就漲停，而且連續漲停。更扼腕的是，這檔股票從此進入飆漲期，不到半年真的漲到20元，最高時漲到26元。

　　後來，我總結這件事，認為那個年代還是可能出現主力股。然而，我即使有可靠的消息，最後仍然以大虧收場，主要原因在於自己沒有能力賺這種錢。聽信別人的建議買股票，並天天盯盤，哪怕消息可靠也會不斷懷

圖1-2　甲股票日線圖（箭頭所指陰線）

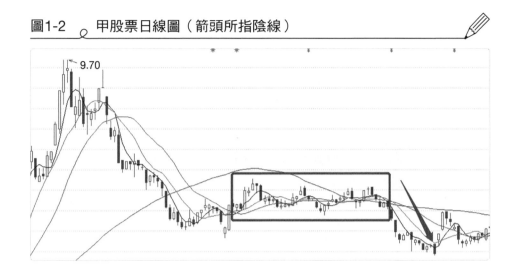

疑自己的操作，因此最後虧錢出場也是合乎情理。從此以後，我不再聽信任何消息，專心研究技術分析，還碰到朋友 W 和 H，才有一些短線交易的心得。

想在股市裡賺錢，每次的買賣必須是獨立思考後的決定，而且要形成一套體系，即「交易系統」，才能真正穩健獲利。如果總是詢問別人的意見，那麼不操作才是比較賺錢的方法。大家可以回顧自己的炒股生涯，是不是什麼都不做，連證券戶頭都不開設，就根本不會虧錢。

不聽小道消息，不問任何人，內心堅定的操作是很可靠的方法，但是內心堅定的操作也不如少操作、不操作來得可靠，所以長期堅定持有一家好公司才是最好的操作。即使在主力股橫行的年代，如果我能持有我的第一檔股票一年以上，也可以賺錢，不至於落到在大牛市裡虧損 45％ 的悲慘結局。

看新聞炒股，會讓你虧損累累

你深入瞭解一個行業、一家公司之後，絕不會輕易被市場上的風吹草動所左右，而是擁有獨立判斷的能力，甚至可以從黑天鵝事件中受益。這

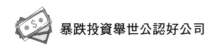

圖1-3　某股票的負面新聞

> ×× 公司：2020 年 Q1 淨利潤同比下降
> 87.66% ～ 91.77%
>
> 04/14　15:59
>
> ×× 公司：預計一季度淨利2,800 萬～4,200 萬元，
> 同比下降 87.66%
>
> 04/14　15:50

是我一直宣導的：做價值投資的最佳方法就是大量閱讀，才能建立有深度的思考方式，從大眾中脫穎而出，否則會淪為被收割的命運。

舉例來說，2020 年 4 月初，某檔股票的利空消息頻頻出現，股價連續下跌，屢創新低。媒體唯恐天下不亂，它們的標題令人膽顫心驚（見圖1-3）。當時的場景真是讓人絕望，世界各地都籠罩在疫情的陰霾下，絲毫沒有好轉的跡象。這家上市公司的營業收入受到很大影響，散戶紛紛拋售持股，把這些黃金當成燙手山芋。

但是，我基於對這檔股票的長期追蹤和對產業的理解，覺得這個價格非常便宜，因此我在底部買進很多，買得開心又不用擔心。由此可見，價值投資是一件快樂的事。

最終的結果是，這檔股票成為我當年絕對報酬率最高的股票。由於持股數量多，從我在 2020 年 4 月 14 日買進到報酬翻倍，只花了短短五個月時間（見圖1-4）。

圖1-4　某股票區間漲幅（2020年4月14日～2020年9月28日）

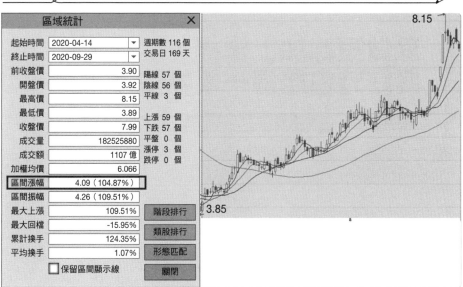

區域統計		✕
起始時間	2020-04-14 ▼	週期數 116 個
終止時間	2020-09-29 ▼	交易日 169 天
前收盤價	3.90	
開盤價	3.92	陽線 57 個
最高價	8.15	陰線 56 個
最低價	3.89	平線 3 個
收盤價	7.99	上漲 59 個
成交量	182525880	下跌 57 個
成交額	1107 億	平盤 0 個
加權均價	6.066	漲停 3 個
區間漲幅	4.09（104.87%）	跌停 0 個
區間振幅	4.26（109.51%）	
最大上漲	109.51%	階段排行
最大回檔	-15.95%	類股排行
累計換手	124.35%	
平均換手	1.07%	形態匹配
☐ 保留區間顯示線		關閉

8.15

3.85

十 點 來 解 答

形象教練：

　　您結尾說的這檔股票，我曾在最低點時加倉，這在以前不敢想像，全是因為您文章的論述，我才敢這樣做，它也成為我帳戶中今年獲利幅度最大的股票。當時我留言要越跌越買放三年，沒想到這麼快就實現預期獲利。

十點：

　　你的思路一點也沒錯。

1-3

只做短線加上槓桿，暴跌時會賠得一塌糊塗！

　　大家不要太迷信，就像我為拾個點的讀書會取名時，很多人覺得名字不要有「書」，因為是「輸」的諧音。

　　這些人將投資結果理解為輸贏，就是一種賭的心態，把自己的命運置於危牆之下。投資首先要考慮：如何規避最大的風險，避免受到毀滅性打擊。

　　巴菲特有三大投資原則：第一，保住本金。第二，保住本金。第三，謹記第一條和第二條。蒙格對自己投資理念的總結是：不求迅速的勝利，只求長期的成功。我身邊就有兩個活生生的案例。

　　我的企業家朋友胡總，同時是短線高手，2020 年做到 6 倍報酬。他在 2020 年 12 月以前，只有 4 倍報酬，但是從 12 月開始，他手中的重倉股連續漲停，報酬很快超過 6 倍。芒叔 2021 年上半年只有 27%的報酬，績效不算好。

　　不過，如果看未來 10 年，芒叔的總報酬是 50 倍，胡總的總報酬肯定無法超過芒叔，而胡總可說是成功的短線交易者。更何況，芒叔每天過得很輕鬆，一年不用操作幾次，資金量便穩定上升。胡總每天盯盤，晚上熬夜復盤、看各種消息，還寫文章分享，到凌晨才發文，我看著都累。

遠離投機和槓桿，提升反脆弱性

有位短線前輩對我影響很大，他就是從 5 萬元做到 5 億元的超短線高手 H。

在 2019 年的一次聊天中，他說 2018 年虧得一塌糊塗，將近 20 年都獲利的超短線模式，竟然出現大規模的虧損。根據他的口氣判斷，虧損總額大概是億元級別。還有一個朋友 W，從 1 萬元做到 5,000 萬元，2018 年加槓桿抄底，也虧得一塌糊塗，還好他運氣好，2019 年上半年又賺回來，才沒有散盡家財。

對於不瞭解股市的人來說，短線加上槓桿真的非常危險。回想一下，2015 年的暴跌消滅多少億元級的短線大戶，他們都是身經百戰，什麼風浪都見過的高手，但他們的反脆弱性很弱，因此沒有挺過 2015 年暴跌的黑天鵝。

相比之下，W 的反脆弱性很強大，儘管他會加槓桿抄底，但是他把在股市裡賺到的很多錢分散投資，萬一出現毀滅性打擊，虧掉的也只是在股市裡賺的一部分錢。

曾經有期貨大戶因為強制平倉而輕生，所以看到有人做期貨暴富也不用羨慕，那是別人冒著生命危險賺來的錢。

再次奉勸各位，如果珍惜生命，就要遠離投機和槓桿，擁抱價值投資，不去預測市場，忽略市場波動，提升自己的反脆弱性，不要讓自己的投資組合越來越脆弱。

最後，把巴菲特的話送給大家：「千萬不要拿重要的錢去賺自己不需要的錢。」如果你現在擁有美滿的家庭、健康的身體、穩定的收入，要好好珍惜這些世界上最寶貴的財富，並且實踐價值投資獲得穩穩幸福。

十 點 來 解 答

福娃：

這樣看來，做股票先虧錢好過先賺錢，先虧錢可以對市場風險有些認識，比如我，連續虧了好幾年，就算我後來賺錢，也不會傾盡所有進場，因此肯定不會傾家蕩產，賠錢也會有限度。

十點：

說得非常正確，我們鄉下有句老話：「先贏不是好贏」，寓意深刻。

>>

衣跡：

散戶應該謹守本分，一定不要碰不懂的，期貨之類的衍生性金融商品，一般人真的玩不了。老老實實做定期定額，為了家庭好好生活，物質條件差只是暫時的，家沒了就什麼都沒了。

振華律師委託：

我的鄰居本來贏了一棟別墅，現在輸了一棟別墅，還算年輕，但頭髮白到讓人懷疑人生。我曾勸他趕緊賣掉股票，那時他還有點獲利，可惜他聽不進去，說我擋人財路，如今他過得生不如死。

十點：

這樣的財運是不是還不如沒有？所以不要羨慕別人的橫財，那可能是災難。

>>

網友 1：

像我這樣窮的人，還是投資基金吧。

十點：

窮不窮是相對的，相對於巴菲特，我也很窮，但是我比他年輕，這是

他再多錢也換不回的。另外，自己過得坦然和開心就是幸福，所以不要用重要的錢去賺不必要的錢。

網友 1：

　　很意外看到老師回覆！我 2007 年跟風進入股市，現在還被套 2 萬元。2019 年觀望後，開始定期定額投資基金。我已年過半百，是個退休工人，感覺還是基金比較穩當！謝謝十點每天的知識分享。

>>

櫻之：

　　十點老師您好，請教一下，如果有 50 萬元資金，怎麼做資產配置，才能每年獲得至少 10% 的穩定報酬呢？

十點：

　　如果這筆資金 5 年內不會用到，那麼可以分 10 次以上，定期定額投資指數型基金，長期持有即可。至於年化報酬率能否超過 10%，誰也說不準，但是有很大的機會能跑贏理財產品。

1-4

把握企業利潤高的好標的，不論熊市牛市都能賺

經常有人信誓旦旦地說：「股市就是一個賭場。」這些人把股市當作賭場，押注成功機率很低的投機股票，然後希望賣在最高點，讓別人接盤，結果偷雞不著蝕把米，輸光了本金。但是他們不清楚為什麼輸光，只能罵股市發洩。

其實，這不是他能力的問題，而是他選擇成功機率很低、得靠運氣的投機，因此輸光是可預見的事。如果贏錢的機率很高，人人都不要上班，到股市賭一把就好了。天底下哪有這麼好的事？

我相信 99％以上的人到股市都是為了賺錢，也許有 1％的人是為了休閒，不過這 1％的人不在本節的討論範圍。我們今天只跟想賺錢的人討論，股市的錢是從哪裡來。可以從三個方面說起。

1. 企業的利潤。 公司能做到上市，說明經營能力不錯，尤其 A 股要求申請上市的公司必須連續 3 年盈利，因此企業經營的利潤是股市投資獲利的主要來源。

2019 年，全部 A 股上市公司的淨利潤總和為 3.78 萬億元，同年年末的總市值大概是 65 萬億元。也就是說，如果買進全部 A 股上市公司需要花 65 萬億元，當年能產生 3.78 萬億的利潤，投資報酬率約為 5.8％。這個報

酬率並不高，勉強跑贏理財產品，但是能實實在在地賺錢。所以，我們需要選出更好的公司，來獲得更高的報酬率。

2. 公司高價增發新股或分拆子公司 IPO（首次公開發行）的融資。

3. 市場波動產生的價差。 這些錢來自哪裡？就是做短線的散戶在股市虧的錢。如果你有本事，也可以賺到這部分的錢。

芒叔一再強調，價值投資者能賺到的錢，主要都來自第一部分，預期年化報酬率是每年15%，會花費98%的精力。對於第二部分的錢，我們沒有上市公司主體，所以賺不到。第三部分的錢也要賺，但不是重點，預期年化報酬率是每年5%，只花費2%的精力。

當市場明顯過熱和過冷時，芒叔也會進行操作。根據以往的經驗，在股市波動大時，能賺到5%的波動收益。但是，他不會花費過多精力，透過交易操作賺錢，否則就是短線投資者。

所以，芒叔的基金相對穩定地有20%左右的年化報酬率（15%企業成長＋5%市場波動），這是理性的預期。我們努力學習、吸收知識，就是為了賺到這部分錢。

✚ 選擇跑贏社會財富的好公司

我們再細說第一部分：企業的利潤。

1995 年至 2014 年，中國所有公司的股東權益報酬率（ROE）保持在 10%左右，這已經很高。不過，A 股所有上市公司的股東權益報酬率為 12%左右，高於一般企業。這兩個百分點的差距，可以讓上市公司在 20 年裡多賺 50%以上。

也就是說，如果你買下所有的上市公司，那麼在這二十年裡你可以賺到 12%左右的年化報酬率。以深證成指為例，1995 年至 2014 年的總漲幅是 766.58%（見下頁圖 1-5），年化報酬率為 11.398%（見下頁圖 1-6），接近 A 股上市公司的股東權益報酬率（12%左右）。由此可見，市場漲漲跌跌，無論牛市還是熊市，最終都會回歸。

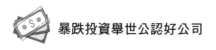

圖1-5　　深證成指區間漲幅（1995年12月29日～2014年12月31日）

深證成指 區域統計	✕

起始時間	1995-12-29 ▼	週期數 20 個
終止時間	2014-12-31 ▼	交易日 6943 天
前收盤價	1271.05	陽線 10 個
開盤價	1257.65	陰線 10 個
最高價	19600.03	平線 0 個
最低價	924.33	上漲 10 個
收盤價	11014.63	下跌 10 個
成交量	160480 萬	平盤 0 個
成交額	1803546 億	漲停 0 個
加權均價		跌停 0 個
區間漲幅	9743.58（766.58%）	

圖1-6　　深證成指年化報酬率

買進價格：	1	元
賣出價格：	8.66	元
持有年限：	20	年

計算　　清空

總報酬率：	766.000	%
年化報酬率：	11.398	%

因此，每天盯著市場波動，長遠來看毫無價值。市場的主要收益來自上市公司的盈利，有些機構和超級散戶賺的錢遠遠超過股東權益報酬率，超出的部分就是其他散戶虧掉的錢。

一個好公司能跑贏社會財富的平均增長速度。假如你能夠以合理或偏低的價格，買進好公司的股票，長期來看，你的財富增長速度肯定會高於社會平均增長速度。這就是價值投資者賺錢的基本邏輯。

如果你覺得自己沒有能力找到上述的好企業，甚至擔心找到低於社會平均財富增長速度的企業，那麼你可以用簡單的辦法買進指數，例如：深證成指、滬深 300 指數、創業板指數等。

再舉個例子，關於滬深 300 指數在 2005 年至 2020 年的情況，16 年的總漲幅為 423.87%，年化報酬率為 11.661%，如圖 1-7 及下頁圖 1-8 所示。

在這 15 年中，如果你沒有賺到 11.661% 的年化報酬率，表示你落後於社會平均財富增長速度。對你來說，最明智的決定就是買進這些指數，這樣將來一定能跟上社會平均財富增長速度。等到未來有能力跑贏社會平均財富增長速度後，再選擇買個別公司的股票也不遲。

圖1-7　滬深300指數區間漲幅
（2005 年 12 月 30 日～ 2020 年 12 月 31 日）

滬深 300　區域統計		✕
起始時間	2005-12-30 ▼	週期數　16　個
終止時間	2020-12-31 ▼	交易日 5481 天
前收盤價		
開盤價	994.76	陽線　9　個
最高價	5891.72	陰線　7　個
最低價	807.78	平線　0　個
收盤價	5211.29	上漲　9　個
成交量	360326 萬	下跌　7　個
成交額	4493732 億	平盤　0　個
加權均價		漲停　0　個
		跌停　0　個
區間漲幅	4216.53（423.87%）	

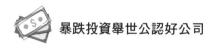

圖1-8　滬深300指數年化報酬率

買進價格：	1	元
賣出價格：	5.23	元
持有年限：	15	年

計算　　清空

總報酬率：	423.000	%
年化報酬率：	11.661	%

十點來解答

星空：

　　說股市是賭場的人確實有賭徒心理。其實，只要選擇價值股，每年配息都有 6％，比商店的租金都高，何必去賭個股的漲跌？而且，遇到牛市行情也能賺 30％以上，難道不好嗎？

十點：

　　如果你有這種心態，在股市不賺錢都難。有賭徒心態的人要有願賭服輸的準備。

1-5
洞悉價格與價值的關係，你不再受股價漲跌左右

2020 年 6 月大盤暴漲，重倉的人怕下跌，空倉的人怕踏空，很多人糾結到底要不要追漲，上網搜尋各種預測後市的文章，試圖找到一絲安慰。但是，做投資依靠預測，最終的結果都只有虧錢。

為什麼？因為沒人能長期準確預測後市，在 10 次預測中，只要 1 次失敗，很可能就前功盡棄。大多數人的情緒和對市場的看法，總是隨著 K 線波動起伏。真正偉大的價值投資者從不預測後市，堅持遵循客觀規律的常識，無論市場怎麼波動，都對自己的投資原則深信不疑。

面對市場波動，我們如何做到處變不驚？唯一的辦法就是學習偉大價值投資者遵循的常識：價格圍繞價值波動。只要相信這個常識，並落實到行動上，你的情緒就不會被市場左右。

舉例來說，對於一家公司，你經過充分瞭解後，認定它價值 1,000 億元，但如果它現在的市場價格是 800 億元，那麼你就安心持有，如果它現在只有 500 億元，那麼你應該繼續買進，不用管現在或未來的漲跌。

你要不斷提升自己的學識，對公司進行準確估計。如果一家公司被嚴重高估，那麼應該果斷賣出，轉而買進其他更安全、潛在報酬率更高的公司。如此一來，你可以永遠在低風險的區域賺錢，無論市場怎麼波動，始終能獲得長期穩定的利潤，讓資產透過複利的力量節節攀升。

如果你無法判斷一家公司是貴還是便宜，那麼除了繼續學習，提高自己的能力之外，沒有其他的出路。除非你不買公司股票，而買指數基金，因為它不須判斷倒閉與否、生意好壞。只要你相信人類的未來會更好，就可以直接買進、長期持有、有錢就買。

什麼時候是賣出指數基金的好時機呢？當投資報酬在短期內（比如六個月內）翻倍時，或是當市場火熱（比如整體本益比達到或接近歷史高點）時，都可以考慮賣出。

除此之外，要安心持有、持續買進，淡定判斷自己買進的公司是否高估即可。不用天天盯著大盤隨時的波動，不用去看亂七八糟的文章，那樣沒有任何好處。還是那句話：相信價格圍繞價值波動。

✛ 複利的神奇力量

除了上述價值與價格的關係，我還想分享一段講述巴菲特影響力的書籍內容。從 1957 年開始投資巴菲特公司的幾位奧馬哈人，現在都發了大財，身價超過 1 億美元。當年他們的投資額只有約 1 萬美元，按照通膨率計算，相當於現在的 7 萬美元，而那些錢也不是他們的所有家產。

這本書的作者採訪一位老人，他說一生中最重要的兩個人就是他的妻子和巴菲特，可見他對巴菲特的評價之高。另外，他還說：「自從 1957 年投資巴菲特的公司後，我用這筆投資的獲利，撫養三個孩子和孫子長大。1960 年後，我從來沒為錢工作過，我的孩子們也一樣。」

所以，現在一個擁有 7 萬美元的人做價值投資，他的家族可能從此不會缺錢。即使沒有那麼多資產投入，實踐價值投資也能改善一個人的生活，這就是複利的神奇力量。不要每天想著一夜暴富，更不要認為錢太少無法做價值投資，就妄想以小博大。

我們看看巴菲特投資過的公司（見表 1-1），很多是持有幾十年的股票，最高漲幅為 54 倍，一般漲幅僅 10 倍左右，其實沒有大家想像中那麼多上漲幾百倍的公司，大部分公司的回報不好不壞。在 A 股市場裡，這樣的公司很多，拾個點分析過的價值股公司，有 90％的報酬率都超過巴菲特投資

表1-1　巴菲特買進公司的估值邏輯

買進年份（年）	公司名稱	行業	類型	買進本益比	買進股價淨值比	年複合報酬率	ROE	盈利情況
1958	桑伯恩	地圖	煙蒂股	47 倍	0.5 倍			拆分重組，收益豐厚
1961	登普斯特	農機製造	煙蒂股	公司虧損	0.63 倍			拆分重組，收益豐厚
1964	美國運通	信用卡	優質股	14.2 倍		12%		至今持有，收益豐厚
1965	波克夏	紡織	煙蒂股	6.6 倍	0.8 倍			至今持有，收益豐厚
1967	國民保險公司	保險	優質股	5.4 倍			20%	至今持有，收益豐厚
1972	喜詩糖果	食品	優質股	11.9 倍	3.1 倍	16%	26%	至今持有，2007 年報酬率達 54 倍
1973	華盛頓郵報	報紙	優質股	10.9 倍		11%	18%	到 1990 年，17 年報酬率達 34 倍
1976	CEICO 保險	保險	優質股		5 倍	22%		至今持有，複合報酬率 22%
1983	內布拉斯加家具商城	家具	優質股	8.5 倍	0.8 倍			收益豐厚
1985	大都會	傳媒	優質股	14.4 倍		23%	26%	收益豐厚
1986	斯科特吸塵器	家電	優質股	7.8 倍	1.8 倍		23%	至 2000 年配息 10 億
1987	所羅門	金融	優質股	9% 利息	可轉換優先股	6.60%		以 9% 複利持有 10 年
1988	可口可樂	飲料	優質股	13.7 倍	4.5 倍	12%	55%	至今持有，到 1998 年報酬率達 9 倍
1988	房利美	金融證券	普通股	8 倍		24%	23%	到 1999 年 11 年報酬率達 10 倍

買進年份（年）	公司名稱	行業	類型	買進本益比	買進股價淨值比	年複合報酬率	ROE	盈利情況
1989	美國航空	航空	普通股	9.25%利息	可轉換優先股	6.60%		以 9%複利持有 10 年
1990	富國銀行	金融	普通股	6 倍	1.1 倍	25%	24%	至今持有，1990 年到 2000 年報酬率為 10 倍
1991	吉列刀片	日常用品	優質股	23 倍		16%		持有優先股轉換，持有 13 年報酬率為 7 倍
1991	M&T 銀行	金融	普通股	7.8 倍	1 倍	13.70%	12.50%	至今持有，到 2006 年 15 年報酬率為 7 倍
1993	德克斯特	鞋業	普通股	16 倍	1.9 倍			用波克夏換股，虧損嚴重
1999	中美能源	能源	優質股	13.5 倍	1 倍	17%	20%	到 2012 年報酬率 7 倍
2000	穆迪	評級機構	優質股	19 倍				收益豐厚
2003	中石油	能源	普通股	5 倍	1 倍	4%	16.30%	持有 5 年，報酬率為 7.3 倍
2005	沃爾瑪	連鎖零售	優質股	20 倍	3.3 倍		22%	收益豐厚（巴菲特後悔買少了）
2006	合眾銀行	銀行	普通股	12.5 倍	2.9 倍		23%	收益豐厚
2006	樂購	連鎖零售	普通股	66 倍	2.5 倍			虧損嚴重
2007	康菲石油	能源	普通股	6.8 倍	0.95 倍		21.50%	虧損嚴重
2008	比亞迪	電動汽車	優質股	10.2 倍	1.53 倍		16.60%	至今持有，收益豐厚
2008	高盛	金融證券	優質股	10%利息	可轉換優先股	10.25%		金融危機時，巴菲特救助高盛，收益豐厚

買進年份(年)	公司名稱	行業	類型	買進本益比	買進股價淨值比	年複合報酬率	ROE	盈利情況
2011	IBM	資訊軟體	優質股	13.5 倍	8.5 倍		69%	失敗的投資
2011	達維爾醫療	腎透醫療	優質股	17 倍	3.2 倍		17.70%	至今持有，收益豐厚
2011	direcTV	數位電視	優質股	15 倍	2.6 倍			至今持有
2011	迪爾	農業機具	優質股	11 倍	3.7 倍		37%	至今持有
2016	蘋果公司	3C產品	優質股	14.66 倍	4.56 倍		31%	至今持有，收益豐厚

的公司，而且未來可能繼續超越。

十 點 來 解 答

十點：

　　買進優質的資產後，只要安心工作、生活，最好股價再跌一些，這樣可以持續用低成本買進。當別人都拋棄優質資產，跟風追尋發財時，恰恰是我們準備占盡便宜的時候。

>>>

甜茶：

　　我買進科技業和消費產業的價值股，打算一直持有並賺價差。同時長期持有晶片題材基金，和一些科技股票基金。我對股市長期看多，老師還

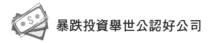

推薦什麼標的嗎？

十點：

　　長期看多，但創業板再瘋狂下去，長期的「長」會縮短了。而且，賺價差想想就好，長期來看沒有多少好處，還會浪費做正事的時間，得不償失。

1-6
下跌時從2個方面考量持股和交易，就能安穩獲利

　　面對股價暴跌，如果你覺得高興，恭喜你已成為真正的價值投資者。如果你悶悶不樂，即使之前口口聲聲說要做價值投資，依舊不是真正的價值投資者。

　　為什麼這麼說？因為價值投資者買進的是自己理解的公司，知道它值多少錢，不在意當前市值漲跌多少，只在意這個公司值不值得擁有。

　　價值投資者關注的是，公司長期能帶來多少確定的報酬，用什麼價位買進是值得的，如果在值得的價位買進後，股價又下跌，等於理想的價格打折，當然會高興。

　　但是，誠如巴菲特所說：「人們喜歡商品打折，唯獨不喜歡股價打折。」為什麼會有這種心理？因為大家總是希望自己的股票買在最低位，賣在最高位，並希望別人買在最高位，賣在最低位，然後自己每次都能賺錢。但結果往往反而是自己買在最高位，賣在最低位，當然會不高興。

　　你憑什麼可以做到你期望的？憑藉你的智慧還是能力？市場上沒有人能每次都準確地低買高賣，這比登天還難，所以你要趁早放棄這種想法，否則永遠無法達到期望，而一直感到痛苦。

　　如果面對現實，調整操作思路、降低預期，走上正確的投資道路，自然而然就能快樂地賺到錢。

股神巴菲特的年化報酬率也只有 20％，股神一年只做兩個漲停，難道你能超過股神？

對大多數的散戶來說，當務之急不是賺多少錢，而是如何少虧錢，把本金保住，再考慮增值。

保住本金並不難，只是我們習慣把投資複雜化，認為在股市裡必須學習更多的技術分析方法。其實這是一個誤區，好的技術分析需要嚴格的執行力，這個能力需要天賦，而 100 個散戶當中，不會超過 1 個擁有這種天賦，這也是我呼籲大家放棄做短線的原因。

如果大家實踐價值投資，幾乎 100％能賺錢。像是剛才說到如何保住本金，你不用學習任何股票知識，只要以定期定額方式投資指數基金，任何廣基型指數（注：廣基型指數是指，採取的樣本包含某市場或行業的所有股票，像是台灣證券交易所發行量加權股價指數、台灣電子指數、美國那斯達克指數等）基金都可以，就能獲得非常確定的報酬。表 1-2 是巴菲特的老師班傑明・葛拉漢（Benjamin Graham）統計的資料。

表 1-2 中，美國前 10 名共同基金 10 年的平均總績效是 105.8％，而標準普爾綜合指數（標普 500）的績效是 104.7％。在這 10 年裡，投資者付出高昂的管理費給基金公司，聘請全世界最好的基金經理人管理，卻只獲得超過指數 1.1 個百分點的回報。

實際上，你買進的不一定是績效好的那幾檔基金，如果你買進的是績效低的那幾檔基金，報酬還會遠遠低於指數。表 1-2 所列的基金，是美國幾十萬檔基金當中的前 10 名，顯示頂尖基金經理人在團隊操作的情況下，也只能勉強跑贏指數。

由此可見，透過自己操作股票，跑贏大盤的難度相當高。事實證明，如果以 10 年為單位來計算，絕大多數人，自己做股票的結果都是負收益，所以首先要解決的問題是不虧錢。

我們再來看 A 股，以滬深 300ETF（510300）為例，從 2012 年 12 月 31 日至 2019 年 12 月 31 日，8 年的累計報酬率是 75.81％，具體情況參見第 58 頁圖 1-9 的年線圖。有些人可能看不起 8 年累計 75.81％的報酬率，平均年化報酬率大概是 7.3％，但請注意這是正收益，而且這 8 年來誰能達到

表1-2 ○ 美國排名前十的共同基金資料

	1961 年 至 1965 年 （%）	1966 年 至 1970 年 （%）	1961 年 至 1970 年 （%）	1969 年 （%）	1970 年 （%）	1970 年 12 月 淨資產 （百萬美元）
Affiliated Fund	71	+19.7	105.3	−14.3	+2.2	1,600
Dreyfus	97	+18.7	135.4	−11.9	−6.4	2,232
Fidelity Fund	79	+31.8	137.1	−7.4	+2.2	819
Fundament Inv.	79	+1.0	81.3	−12.7	−5.8	1,054
Invest.Co.of Am.	82	+37.9	152.2	−10.6	+2.3	1,168
Investors Stock Fund	54	+5.6	63.5	−80.0	−7.2	2,227
Mass.Inv.Trust	18	+16.2	44.2	−4.0	+0.6	1,956
National Investors	61	+31.7	112.2	+4.0	−9.1	747
Putnam Growth	62	+22.3	104.0	−13.3	−3.8	648
United Accum.	74	−2.0	72.7	−10.3	−2.9	1,141
平均	72	18.3	105.8	−8.9	−2.2	合計
標準普爾綜合指數	77	+16.1	104.7	−8.3	+3.5	13,628
道瓊工業平均指數	78	+2.9	83.0	−11.6	+8.7	

這個績效？

　　很多人還沒解決巨額虧損的問題，就想超過指數的績效，真是癡心妄想。雖然上述年化報酬率只有 7.3%，但穩賺不賠，確定性非常高，只是期間的波動可能會讓人很難受。不過，如果你選擇不看盤或每年看一次，依然可以快樂地工作和生活。

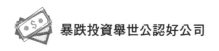

圖1-9　滬市的滬深300ETF（510300）
　　　　區間漲幅（2012年12月31日～2019年12月31日）

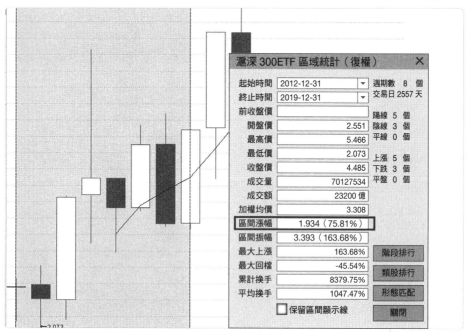

從5檔價值股看穩定收益的美好

　　銀行理財產品的投資對象沒那麼分散，絕對風險會高很多，當然整體風險可以控制，但相較之下，廣基型指數基金的風險更低。定期定額投資廣基型指數基金，能以更低風險取得更高報酬，也不用花太多精力，為什麼有些人還捨近求遠呢？因為他們有一顆想暴富的心。

　　如果你能穩穩持有指數基金10年，說明你的定力和心態發生根本轉變，可以尋找一些價值股來嘗試長期投資，慢慢會取得不錯的投資績效。要先解決虧損問題，再嘗試賺錢，一步一步來才是正道，一定要捨棄想立刻暴富的心態。正所謂「慢就是快，欲速則不達。」

　　我們看5檔確定性較高的價值股，在2010年至2019年的收益情況。

圖1-10　貴州茅台區間漲幅
　　　　（2010年12月31日～2019年12月31日）

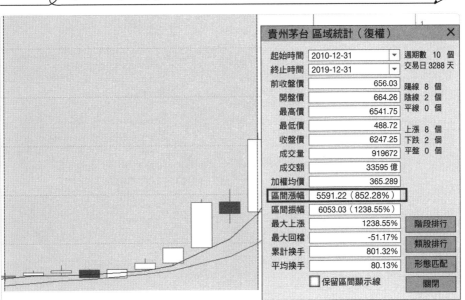

貴州茅台 區域統計（復權）		
起始時間 2010-12-31 ▼	週期數	10 個
終止時間 2019-12-31 ▼	交易日	3288 天
前收盤價　　　　　656.03	陽線	8 個
開盤價　　　　　　664.26	陰線	2 個
最高價　　　　　6541.75	平線	0 個
最低價　　　　　　488.72		
收盤價　　　　　6247.25	上漲	8 個
成交量　　　　　919672	下跌	2 個
成交額　　　　33595 億	平盤	0 個
加權均價　　　　365.289		
區間漲幅　5591.22（852.28%）		
區間振幅　6053.03（1238.55%）		
最大上漲　　　　1238.55%	階段排行	
最大回檔　　　　 -51.17%	類股排行	
累計換手　　　　 801.32%		
平均換手　　　　　80.13%	形態匹配	
☐ 保留區間顯示線	關閉	

1. 貴州茅台

9 年累計報酬率為 852.28％（見圖 1-10），大概是 8 倍報酬率。為什麼貴州茅台的確定性高？因為公司上市 19 年來，在任何時候買進，以 10 年為單位計算，都能夠賺錢，而且它的經營歷史上從未出現虧損。

如果你在 2007 年的大牛市頂端買進貴州茅台，持有到 2020 年，報酬率是多少呢？大約 11 倍，也就是 1100％。由此可見，它的報酬率遠超過指數，風險也不高，賺錢機率 100％，相當驚人。

但是，它的價值在這短期間的波動可能會讓你吃不消，因為在 2007 年的最高價買進後，會經歷 2008 年、2015 年的暴跌，尤其 2008 年貴州茅台下跌 60％，你如果投入 10 萬元，當時浮虧 6 萬元，可能非常痛苦。之後連續 4 年依然虧錢，好不容易熬到 2012 年解套，白酒行業又遇到困境，前景一片黑暗。

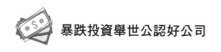

圖1-11　上海機場區間漲幅
　　　　（2010年12月31日～2019年12月31日）

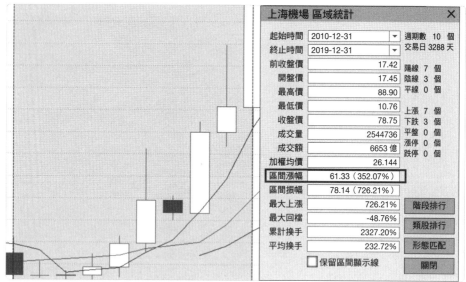

貴州茅台2013年繼續大跌，在買進的第七年年末，你還虧損40%左右，能熬得住嗎？如果你理解貴州茅台這家公司，瞭解白酒文化和這個品牌的競爭力，就不會慌張。

2. 上海機場

9年累計報酬率是352.07%（見圖1-11），平均年化報酬率為16%。如果在2007年的最高價買進，到2020年賺98%，接近翻倍。如果相信價值投資，最不幸的長期持有者也能翻倍。

有人認為這是挑選績效好的區間報酬率來說，沒有代表性，那麼再往前推進9年，從2001年至2010年，累計報酬率是365.66%（見圖1-12）。如果你嫌2019年的價格貴，在2010年時，從2001年的2.03元漲到9.22元，到2019年又漲到66.9元。

3. 格力電器

9年累計報酬率為2598.77%（見第62頁圖1-13），達到驚人的25倍多。

圖1-12　上海機場區間漲幅
　　　　（2001年12月31日～2010年12月31日）

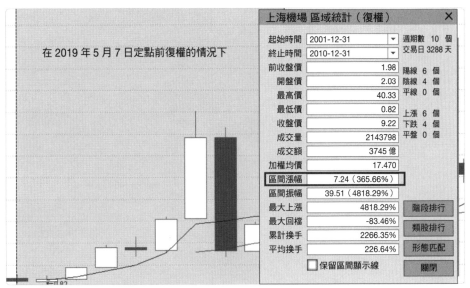

2001年至2010年的累計報酬率為1506.48%（見下頁圖1-14），也有約15倍。

4. 伊利股份

9年累計報酬率為681%（見第63頁圖1-15），也就是6倍多。2001年至2010年的總報酬率是488.34%（見第63頁圖1-16），則有4倍多。

5. 海天味業

4年半的累計報酬率為318.78%（見第64頁圖1-17），根據我的分析，它很可能成為調味料業的貴州茅台。食品的唯一風險是食安問題，所以海天味業是這一節5檔價值股中確定性最低的，但仍是價值股中的佼佼者。

以上我講解定期定額投資基金、長期持有價值股的方法，都以事實和數據為基礎，這也反映出無論世界格局、總體經濟如何變化，只要公司的本質沒有改變，就能帶來豐厚的回報。

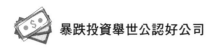

圖1-13　　格力電器區間漲幅
　　　　（2010年12月31日～2019年12月31日）

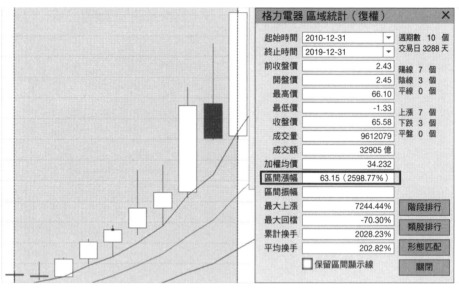

格力電器 區域統計（復權）		×
起始時間　2010-12-31　▼		週期數　10　個
終止時間　2019-12-31　▼		交易日 3288 天
前收盤價　2.43		陽線 7 個
開盤價　2.45		陰線 3 個
最高價　66.10		平線 0 個
最低價　-1.33		上漲 7 個
收盤價　65.58		下跌 3 個
成交量　9612079		平盤 0 個
成交額　32905 億		
加權均價　34.232		
區間漲幅　63.15（2598.77%）		
區間振幅		
最大上漲　7244.44%		階段排行
最大回檔　-70.30%		類股排行
累計換手　2028.23%		形態匹配
平均換手　202.82%		
□保留區間顯示線		關閉

圖1-14　　格力電器區間漲幅
　　　　（2001年12月31日～2010年12月31日）

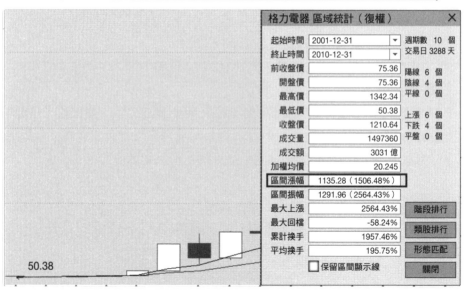

格力電器 區域統計（復權）		×
起始時間　2001-12-31　▼		週期數　10　個
終止時間　2010-12-31　▼		交易日 3288 天
前收盤價　75.36		陽線 6 個
開盤價　75.36		陰線 4 個
最高價　1342.34		平線 0 個
最低價　50.38		上漲 6 個
收盤價　1210.64		下跌 4 個
成交量　1497360		平盤 0 個
成交額　3031 億		
加權均價　20.245		
區間漲幅　1135.28（1506.48%）		
區間振幅　1291.96（2564.43%）		
最大上漲　2564.43%		階段排行
最大回檔　-58.24%		類股排行
累計換手　1957.46%		形態匹配
平均換手　195.75%		
□保留區間顯示線		關閉

50.38

圖1-15　伊利股份區間漲幅
　　　　（2010 年 12 月 31 日～ 2019 年 12 月 31 日）

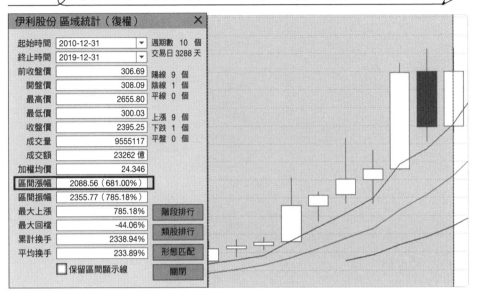

圖1-16　伊利股份區間漲幅
　　　　（2001 年 12 月 31 日～ 2010 年 12 月 31 日）

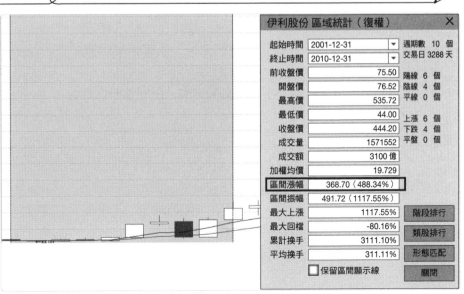

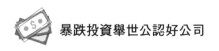

圖1-17　海天味業區間漲幅
　　　　（2014年12月31日～2019年5月6日）

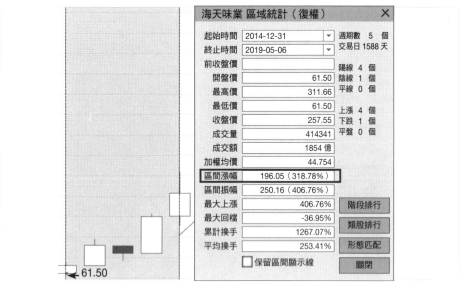

讓自己也變成「聰明資金」

　　巴菲特經常說，買進好公司的股票，不用整天盯著總體經濟，更不用天天看新聞。只有買進一些確定性高的公司，才有你期待的未來，否則只是白白往股市裡送錢。價值投資的核心理念就是：買進確定性高的公司，然後堅定長期持有。不用在意次級市場的波動，因為那與你無關。

　　打個比方，就像你買下一家飯店做投資，不會天天想著要用什麼價格賣掉飯店，也不會因為沒人詢價，或有人隨便喊了低於你買進的價格，就痛苦地認為自己虧錢，於是茶不思、飯不想。你真正會關心的是它每個月、每年能賺多少錢，如果利潤可觀，就應該長久持有。大家肯定能理解這個例子，為什麼把飯店變成股票，很多人就不能理解呢？大家買進價值股後，安心拿著賺錢即可，不要經常想著賣出。

　　買進真正好的公司之後，就如巴菲特所說，最好股市被關掉，或者一

年只開市一次，因為天天開市交易會干擾很多人的情緒。真正的價值投資者會從兩個方面來看問題：

1. 持股的浮虧
2. 新加的投資

舉例來說，如果你有 10 萬元要投資股市，已經投入 5 萬元買進 1 萬股（一股 5 元），但這個公司的內在價值是一股 8 元，因此市場遲早會漲到 8 元以上。而且公司盈利持續穩定，長期來看股價還會更高。

所以，即使股價下跌，價值投資者也會非常高興，因為他還有 5 萬元可以投資。假如股價下跌到一股 2.5 元，原有的投資浮虧 2.5 萬元，也無須理會。價值投資者感到高興的是，用同樣的 5 萬元，現在可以買到 2 萬股，如此一來，10 萬元總共買進 3 萬股，如果漲到一股 8 元，10 萬元本金就變成 24 萬元。

只要一個公司的未來能讓人感到安心，暫時的股價下跌沒什麼好擔心，相反地，應該為它感到高興。最後，我總結一下。

1. 尋找確定性高的公司或基金。
2. 長期持有，等待時間給你回報。

若能做到以上兩點，一定能解決虧錢的問題，剩下的就是賺多賺少的問題。如果你想賺更多，就要不斷學習價值投資的理念，說服自己放棄許多虛幻的發財機會，安心長期持有確定性很高的價值股。

如果你沒有一定的價值投資知識，那麼只能無知地被市場上不斷努力學習的「聰明資金（smart money）」收割，你連還手的機會都沒有，甚至連對手在哪都找不到。無論你賺錢多辛苦，市場就是如此殘酷，除非永遠離開市場，否則必須讓自己也變成聰明資金。

想要成為聰明資金賺得更多，只有學習一途。學習的目的是讓自己有足夠的判斷力，放棄虛幻的發財機會，抓住真正的機會。方向對了，投資

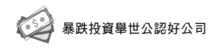

道路應該是輕鬆快樂的！

十 點 來 解 答

獨孤前行：

我跟同事說現在盼著暴跌，他們都說我瘋了，可是我的帳戶不會騙人，雖然從不暴漲，但是一直在緩慢地穩定上升。我心情浮躁、心態不穩時就再看看您過往的文章。我的持股都是價值股，自從轉型做價值投資以來，天天快樂。

十點：

你是貨真價實的實踐者，繼續加油！

1-7

長期持有舉世公認的好股票，虧錢風險近乎零

　　有人認為買進概念股可以賺幾十倍，天天漲停。如果你也抱著這樣的心態進入股市，真心建議直接買樂透。

　　買進概念股，短期暴漲的機率是多少？下頁表 1-3 是 2020 年 1 月至 2020 年 6 月，漲幅超過 500% 的公司清單，整個 A 股市場 3865 檔股票中只有 7 檔，機率大約是 0.18%。

　　關鍵是這 7 檔股票都是剛上市的新股。只有滬矽產業（688126）和光雲科技（688365）才有買進的機會，可惜這兩檔股票是科創板股票，不開放給一般散戶進行交易，因此散戶沒有機會買進。也就是說，買進一檔普通股票實現暴富的機率幾乎為 0。

　　長期來看，買進新股幾年後也極有可能虧錢，因為新股完全沒有經過市場考驗。普通公司的經營歷史不能代表上市公司的經營歷史，公司一旦上市，商業模式是否管用、能否持續運作，都需要時間驗證，所以價值投資者不應該考慮買進新上市公司的股票。

　　對照價值股的十個標準（詳見第二章），如果一檔股票連一個標準都無法滿足，根本算不上價值股，未來可投資的價值也無從談起。想要藉由一個概念或一次重組行動，徹底改變一家公司的經營績效，成功機率極低，即使有成功案例，也不代表你能購買到這樣的公司股票。

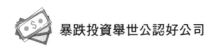

表1-3 ⎋ 2020年1月～2020年6月漲幅超過500%的公司

	代碼	名稱	漲幅（%）	現價	稅後營業淨利（億）	年初至今（%）
1	603290	斯達半導	4.03	153.70	0.27	1108.48
2	603392	萬泰生物	10.00	84.82	0.71	869.37
3	688126	滬矽產業	8.96	33.56	-0.55	762.72
4	603719	良品鋪子	4.93	81.09	0.91	581.43
5	300831	派瑞股份	2.13	26.88	-0.04	575.38
6	688365	光雲科技	11.60	71.97	0.17	566.39
7	603893	瑞芯微電子	3.86	62.73	0.32	548.04

單位：人民幣

　　如果一家公司前20年是好公司，後20年依然很可能是好公司。雖然出現過像諾基亞（Nokia）、柯達（Kodak）等被時代淘汰的好公司，但是不影響大部分好公司的長期表現。散戶買進長期表現很好、人人皆知的白馬股，幾乎沒有虧錢的風險，只要持有的時間夠長，任何時間買進都賺錢。

　　相比之下，光靠概念生存、沒有績效支撐的公司，經過10、20年經濟週期的洗禮，要麼已經下市，要麼股價持續低迷。對於這樣的股票，你持有幾十年可能還是虧錢，甚至虧損90%以上。大家可以挑選幾檔前期漲得很好，但沒有績效的個股逐一分析。

　　因此結論是，當你沒有能力辨別和挖掘被低估的普通公司時，就買進人盡皆知的白馬價值股，這是你透過自己操作股票，在股市賺錢的唯一途徑。

1-8

巴菲特說價值投資不須高智商，只要堅守什麼？

提到專業投資，很多人都覺得只有高學歷、高智商的人才能做。但實際情況並非如此，很多高學歷、高智商的人做投資未必有優勢，比如牛頓便虧得一塌糊塗。

牛頓的智商很高，但財商似乎不太高。如前文第 24 頁所述，他生平唯一一次投資股票的經歷，與虧損累累的大多數股民一樣。那一次，牛頓損失 2 萬英鎊，相當於他 10 年的年薪。大痛之下的牛頓說了一句傳世名言：「我能計算出天體運行的軌跡，卻難以預料人們的瘋狂。」

愛因斯坦在這方面比牛頓明智，一是他只用閒錢投資；二是他交由專業顧問做長期投資，用幾千美元買美國五月百貨公司的股票，6 年賺翻倍。

以上兩位都是極端聰明的人，但他們做出兩種不同的選擇，結果一個巨虧，一個巨賺，可見得投資與智商無關，關鍵在於如何找到正確的路。

✚ 3 位投資大師的價值投資之路

我再談談三個人的經歷，他們都曾是葛拉漢‧紐曼公司（Graham-Newman Corporation，由葛拉漢和傑洛姆‧紐曼〔Jerome Newmen〕在 1926 年合夥投資組建，公司規模不大）的普通職員，先後都成為投資大師。

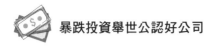

表1-4　　華特・許羅斯1956～1984年的投資報酬

年份	1956	1957	1958	1959	1960
標普500指數報酬率（％）	7.5	−10.5	42.1	12.7	−1.6
許羅斯的報酬率（％）	6.8	−4.7	54.6	23.3	9.3
年份	1961	1962	1963	1964	1965
標普500指數報酬率（％）	26.4	−10.2	23.3	16.5	13.1
許羅斯的報酬率（％）	28.8	11.1	20.1	22.8	35.7
年份	1966	1967	1968	1969	1970
標普500指數報酬率（％）	−10.4	26.8	10.6	−7.5	2.4
許羅斯的報酬率（％）	0.7	34.4	35.5	−9.0	−8.2
年份	1971	1972	1973	1974	1975
標普500指數報酬率（％）	14.9	19.8	−14.8	−26.6	36.9
許羅斯的報酬率（％）	28.3	15.5	−8.0	−6.2	52.2
年份	1976	1977	1978	1979	1980
標普500指數報酬率（％）	22.4	−8.6	7.0	17.6	32.1
許羅斯的報酬率（％）	39.2	34.4	48.8	39.7	31.1
年份	1981	1982	1983	1984 一季度	
標普500指數報酬率（％）	6.7	20.2	22.8	2.3	
許羅斯的報酬率（％）	24.5	32.1	51.2	1.1	

　　第一位是華特・許羅斯（Walter Schloss）。他比巴菲特年長14歲，投資績效比巴菲特還好。許羅斯在47年的投資生涯中，年化報酬率達到20.1％，而巴菲特則是在55年中，做到年化報酬率18.9％。

　　表1-4列出許羅斯28年的年度投資績效，只有5個年度虧損，而且虧損額度都在10％以內。特別是在很多標準普爾500指數大虧的年份，許羅

表1-5　湯姆・芮普1968 ～ 1983 年的投資報酬

年份	1968	1969	1970	1971
道瓊指數報酬率（%）	6.0	−9.5	−2.5	20.7
標普 500 指數報酬率（%）	8.8	−6.2	−6.1	20.4
芮普的報酬率（%）	27.6	12.7	−1.3	20.9
年份	1972	1973	1974	1975
道瓊指數報酬率（%）	11.0	2.9	−31.8	36.9
標普 500 指數報酬率（%）	15.5	1.0	−38.1	37.8
芮普的報酬率（%）	14.6	8.3	1.5	28.8
年份	1976	1977	1978	1979
道瓊指數報酬率（%）	29.6	−9.9	8.3	7.9
標普 500 指數報酬率（%）	30.1	−4.0	11.9	12.7
芮普的報酬率（%）	40.2	23.4	41.0	25.5
年份	1980	1981	1982	1983
道瓊指數報酬率（%）	13.0	−3.3	12.5	44.5
標普 500 指數報酬率（%）	21.1	2.7	10.1	44.3
芮普的報酬率（%）	21.4	14.4	10.2	35.0

斯還實現正收益，非常優秀。這一切的成績出自一個只有高中學歷、才華並不出眾的普通人，他一輩子堅持葛拉漢的雪茄菸蒂（cigar butt）投資理論，沒有改變。

　　第二位是湯姆・芮普（Tom Knapp）。二次大戰前，他是普林斯頓大學化學系的學生；二戰後，他在因緣際會下對投資產生興趣，進入哥倫比亞大學商學院就讀，後來獲得 MBA 學位。他的投資績效見表 1-5。

　　表中統計芮普 15 年的投資績效，只有 1970 年虧損，真是穩如泰山，可見他在風險管理上做得相當出色。芮普名校畢業，選擇做價值投資後，

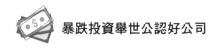

不僅成為富翁,更是時間自由的人生贏家。

第三位是巴菲特。當初巴菲特可說是死皮賴臉地要為葛拉漢工作,他不斷寫信給葛拉漢,甚至願意不拿薪水。當時葛拉漢・紐曼公司的規模不大,葛拉漢怕公司生存不了,建議巴菲特去大公司上班,但是巴菲特非常堅定,葛拉漢最後也開出 1.2 萬美元的高年薪給他。於是,巴菲特 1954 年進入公司,直到 1956 年葛拉漢退休、公司解散。

這 3 位投資大師當中,除了巴菲特天資聰穎之外,其餘兩位其實跟你我差不多,只是他們堅持做價值投資而已。誠如巴菲特所說:「價值投資不需要太高的智商,也不需要太高的學歷,只要堅持常識不動搖。」這些常識是指什麼?

舉例來說,指數一定會越漲越高、價格圍繞價值波動、相信複利的力量、短期股價波動無法預測、不要加槓桿、時間是複利的指數等等。只要用一生堅守這些常識,錢自己會來,而且速度會越來越快。

價值投資就是人人都能致富的投資方法,成功率為 99%,而短線投機的成功率只有 0.1%,你會選擇哪個呢?

十｜點｜來｜解｜答

卡佳：

老師您好！這一段時間分眾傳媒震動很大。我是堅定持有者，但還是有點忐忑，想問一下，該股沒有黑天鵝事件吧？

十點：

心裡不安就賣掉。我能告訴你道理，但無法幫你決定，而且我的理解未必是你的理解。

>>

中醫藥 _Kingchan_ 危：

我長期持有銀行股會被笑嗎？我覺得作為備用資金，銀行股是個挺好的選擇。

十點：

如果投資是為了讓別人表揚你，那麼不應該投資，認定自己選擇的正確方法才是出路。

>>

一二三四：

十點老師，請問長期投資創業板指數基金的收益怎麼樣？

十點：

前 10 年的年化報酬率為 10% 左右，當然是長期投資的情況下，而不是只持有其中幾年，因為有幾年是連續下跌。

▶ 巴菲特聚焦在公司的商業模式，抓住「現金牛」

▶ 想選出 Top 1% 的優質企業？依據 10 個判斷標準

▶ 跟隨蒙格用一招，看透一檔標的是不是價值股

▶ 瞄準低估值、高配息股票，你也能 10 年賺 10 倍

▶ 配息持續投入讓錢滾錢，每年穩定獲利達 30%

第2章

如何操作價值股？
教你買進Hold住、
賣出獲利

2-1

巴菲特聚焦在公司的商業模式，抓住「現金牛」

投資一家公司時，都在投資它的什麼？具體上要考慮哪些因素？

簡單來說，買股票就是買公司，買公司就是買它未來現金流的折現。這裡的「現金流」意指淨現金流，「未來」意指公司的生命週期，「折現」則是相對於投資者的機會成本而言。什麼是機會成本？就是為了從事某項經營，而放棄另一項經營的收益，或是獲得某種收入時放棄的另一種收入。最低的機會成本就是無風險利率，例如：銀行的定存利率。

以股票為例，假設你可以選擇股票和定存兩種理財方式，你在 2020 年 5 月 1 日用 1 萬元買進某檔股票，經過一年操作，2021 年 5 月 1 日的淨收益為 450 元。如果你當時將 1 萬元存入銀行，一年期定存的年利率為 2.25％，扣除利息稅，會有 180 元的利息收入。

這 180 元就是你為了投資股票而放棄定存的機會成本，因此實際獲利應該是 270 元，而不是 450 元。如果投資股票的淨收益只有 150 元，考慮到機會成本，實際利潤是虧損 30 元。如果股票的淨收益虧損，加上機會成本，就虧損更多。

其實，區分是不是價值投資的主要關鍵，在於有沒有考慮公司未來現金流的折現。因此，很多有關價值投資的理論，例如：商業模式、護城河、能力圈等，都是在討論如何看懂現金流。

巴菲特認為，是否投資一家公司，最重要的是看它的商業模式。也就是說，一切的核心都在商業模式。

✚ 過濾短期噪音，看未來10年前景

舉例來說，貴州茅台的商業模式很好，能實現高毛利、低成本；機場的商業模式也很好，一次性投入就能常年獲利，而且維護成本不高。相較之下，零售不是好的商業模式，新技術不斷革新、競爭激烈，導致許多零售企業紛紛倒下。

俗話說：「男怕入錯行，女怕嫁錯郎」，在投資上也是差不多的道理。如果你投資錯行業，分析得再好也是徒勞，因此要先選擇一個自己能理解的行業，再選擇一家龍頭企業的股票。「護城河」是商業模式的一部分，好的商業模式往往具有很寬的護城河，是未來現金流的保障。

1998 年巴菲特和蒙格在波克夏・海瑟威股東大會上的談話，完整描述何謂「好的商業模式」。

巴菲特表示，他把軟性飲料行業看得很透徹，可口可樂是全世界少見的穩健生意，隨著全球居民生活水準普遍提高，軟性飲料製造商將從中受益。可口可樂的心占率非常高，很多消費者對這個品牌情有獨鍾。蒙格說，他們會過濾掉短期噪音，主要看 10 ～ 15 年後的前景，「我們對可口可樂很放心」。

巴菲特認為變革招致的威脅大於機遇，他不投資未來可能變樣的生意。就拿可口可樂來說，它五十多年來都沒什麼改變，雖然按照這個原則進行投資，會錯過很多大機會，但巴菲特表示：「我們本來也不知道怎麼抓住那些大機會」。

很多人期望在高科技領域中，找到一檔未來能百倍成長的黑馬股，這些人只看到成功的企業，卻看不到千千萬萬家倒下的高科技公司。或許你認為巴菲特錯過微軟，但 2000 年科技股泡沫破裂時，有幾萬家科技公司倒閉，你能保證買到的是成功企業，而不是倒閉企業嗎？

可口可樂公司靠一個配方經營一百三十多年，無疑是好的商業模式。

據說現在每秒可以賣出 2 萬瓶，每天賣出 1.8 億瓶，而且人們喝了還會再買，不論什麼年齡的人都會喝。因此，買進可口可樂公司的股票，等於買下一台賺錢機器。

✚ 長期投資永久穩定的生意

有些人會問，可口可樂的股價近 20 年沒怎麼漲，巴菲特為什麼不賣掉它的股票，換成別的公司？

首先，賣掉可口可樂，還能保證買到另一個 100 年都穩健經營的好生意嗎？顯然不太可能。即使是當今熱門的 AI 科技公司，也無法保證 100 年後仍然存在，科技的進步總是充滿革命性，一家科技公司無法永存不滅，起碼無法做到像可口可樂公司一樣長壽。

其次，價值投資者考慮的不是股價會不會漲，而是這個生意能否持續帶來長期的現金收入。如前文所述，價值投資買的是公司未來現金流的折現。可口可樂公司至少能在 100 年內，每年穩定帶給巴菲特現金流，因此對他來說，股價漲跌無所謂。

像可口可樂公司、內布拉斯加家具商城、時思糖果（See's Candies）等「現金牛」公司（注：Cash Cow，就像奶牛定期生產牛奶，現金牛公司會產生穩定的現金流），會提供股東大量的配息，而這筆錢是巴菲特不斷投資新項目的主要資金來源，他怎麼可能賣掉這些公司股票呢？所以，巴菲特並不是在炒股，而是投資真正的好生意。

貴州茅台是類似可口可樂的好生意，而且毛利率更高，護城河更深。中國人未來 100 年還會繼續喝白酒，而且市場需求還沒有被滿足，貴州茅台的消費量只占白酒總消費量的百分之幾，它還有很大的提升空間。貴州茅台只要擴大每年的基酒儲存量，不需要繼續投入大量資金，5 年後就能提升收入。

100 年都不會改變的生意，才是真正的好生意，例如：機場、港口、碼頭等。特別是機場，還提供針對高端客群的高價服務，更是好生意。港口和碼頭相對差一些，無法透過人流來賺錢。如果車站和高速公路休息區能

獨立上市，應該也是好生意。

相反地，總是在變化的生意不是好生意，例如：網路遊戲熱潮，讓很多網路遊戲公司突然業績暴漲，但這靠的是運氣，之後很快就偃旗息鼓。這些公司的成功是基於一個變化快速、競爭激烈的生意，因此這個生意非常脆弱。

電影也不是好生意，因為它的命運寄託在導演、演員及編劇身上，這些人的成本很高，而且能不能賣座要靠運氣，想持續賣座更是難，所以很少出現持續高營收的電影公司。

至於製藥業，研發一種新藥的成本很高，動輒要投入幾十億美元，還可能失敗或被仿製，很容易前功盡棄。大型製藥企業已經有生產模式，每年大量投入，生產幾種會大賣的新藥，就能長久維持生意。相比之下，小型製藥企業只能靠運氣，就不是好生意。

總之，如果少投入或不投入，就能將一門生意永久做下去，便是好的商業模式。暴利不一定好，因為必定引來大量競爭者。如果只有微利，但規模可以無限擴大，依然能賺大錢。可口可樂就是典型案例，賣一罐可樂只有微利，但一天賣 1.8 億罐，就是大生意。發現這樣的好公司，值得一輩子擁有。

提醒大家，對一般人來說，最大的機會成本是沒做好本業工作。如果不顧本業，全身心投入短線操作股票，最後往往是股票虧錢，工作也沒做好。早點放棄炒股，就是早一點降低人生最大的機會成本。

我們不要心存僥倖，妄想自己能成功。有太多人花了 10 年、20 年在股市短線操作，最後一事無成，不但虧掉資金，還虧掉人生成就、家庭幸福、孩子教育，這些損失有多麼大，實在無法想像。

知道自己的能力範圍是最重要的事。實踐價值投資，或是用定期定額方式投資指數基金，不僅能賺錢，還能把本業工作做好，這樣才是人生贏家。

十 點 來 解 答

寧靜致遠：

這些內容讓我醍醐灌頂，對我很有幫助。我是剛踏入股市的小白，有幸跟著老師學習，買進一些價值股，獲利還不錯，但是不懂得停利，結果白忙一場。幸好買的都是價值股，日後一定會漲回去，所以不會心慌。

這就是投機與投資不同的地方，炒短線虧了，一般人都是停損出場，而不是耐心等待。此外，炒短線會嚴重影響生活狀態，心裡會急躁不安，我就曾是這樣，每天都很煩躁，書也看不下去，工作也沒動力，真是得不償失。如果為了做股票，把生活中的樂趣都捨棄，整天盯著電腦螢幕看K線，那我寧願不做股票。

老師的文章讓我知道，我是為了什麼進入股市，以後安安心心買價值股就行了。我的要求不高，只要獲利比銀行定存還高就行了。專心做好自己的本業，提升自己的能力，才是最重要的。

十點：

遇到市場波動不要緊，波動上漲的錢本來就不是你的，你只須看幾年後整體能賺多少，而不是試圖把波動的錢都賺到，那是不切實際的。

>>

小小磊：

慢就是快，我的投資原則是靠有價值的公司替自己賺錢。所有的投資都需要付出時間成本。

十點：

用知名投資人張磊的話來說，不用管一家公司現在的股價，要看它是否正在創造價值，如果有，市場的獎勵將會很豐厚。

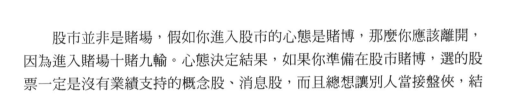

2-2

想選出 Top 1% 的優質企業？依據 10 個判斷標準

　　股市並非是賭場，假如你進入股市的心態是賭博，那麼你應該離開，因為進入賭場十賭九輸。心態決定結果，如果你準備在股市賭博，選的股票一定是沒有業績支持的概念股、消息股，而且總想讓別人當接盤俠，結果自身的貪婪和恐懼會讓自己成為接盤俠。

　　相反地，如果你認為股市是投資市場，堅持只找真正賺錢的公司，長期持有、賺它們的營收利潤，就不會買進只有概念的垃圾股，也不會只想要短線操作，如此一來，虧損自然會遠離你。

　　拿公司總利潤的年化漲幅，與股價的年化漲幅做比較，如果兩者基本上吻合，說明不是市場炒作，漲的是真金白銀。如果公司利潤和股價能保持同步成長 10 年以上，代表這是了不起的未來大牛股。相反地，如果股價大漲，而總利潤幾乎沒有增加，甚至減少或虧損，那麼你就要遠離，即使現在當紅熱門，也遲早會現出原形。

　　知名投資家段永平曾分享一個價值投資觀點，值得大家反覆閱讀。

" 千萬不要以為股市是個可以賺快錢的地方。長期來說，股市上虧錢的人總是多過賺錢的人，想賭運氣的人還不如買彩券，起碼知道中獎的機會小，不會下重注。也有人說股市是賭場，事實上，對於把股市當賭市的人

們來說，股市確實是賭場，常賭必輸！

不要輕易嘗試擴大自己的能力圈。搞懂一門生意往往需要很多年，不要因為看到一、兩個概念，就輕易跳進自己不熟悉的領域，不然早晚會摔跟斗。用我這個辦法投資，雖然無法完全不犯錯，而且可能會失去無數機會，但至少犯大錯的機會降低很多。**"**

有人問，如何避免自以為看懂卻實際上看錯？我認為，錯誤是不可避免的，只要處在自己的能力範圍內，並保持專注和用功，就能大幅減少犯錯的可能。

對99％的散戶來說，在股市賺錢的途徑只有一條，就是以定期定額方式投資指數基金。不要認為股市「一賺二平七虧錢」中的一賺占10％，其實這一賺是針對所有投資者而言，其中不僅有普通散戶，還包含機構投資者和海外投資者，而普通散戶的賺錢比例只有1％。你若不相信，可以問問周遭有炒股經驗的人，看看他們當中有幾個人是長期賺錢的？

事實上，99％的人只要努力工作都能賺到錢，只是賺多或賺少。在股市裡拚搏5年以上的人都會認可：資本市場是世界上最難賺錢的地方。

✛ 價值股的10個標準

除了定期定額買基金之外，普通散戶在股市賺錢的第二條途徑，就是買進價值股。只需要兩個步驟，第一步是挑選一個好公司，第二步是公司被低估了就買進，長期持有，公司被高估了就賣出。

如何才能判斷公司的好壞？有以下3個條件。

1. 公司所處的行業好（商業模式好），商業模式持續性夠長，而且市場夠大。

2. 在行業中具有明顯的領先優勢，特別是市占率高的龍頭企業。

3. 經營期夠長，至少有10年甚至20年以上的歷史。較長的經營時間，代表一家公司，經歷過各種總體經濟問題的衝擊，並且能持續戰勝競爭對

手，保持穩定的經營。

　　符合以上 3 個條件就是好公司，但實際上，在股市幾千家公司當中，真正適合長期價值投資的公司不到 1%。若要從幾千家公司中篩選出 1% 的真正好公司，這 3 個條件略顯廣泛，因此我再提出 10 個更精確的標準。

　　1. 有競爭力。舉例來說，貴州茅台經過幾十年的品牌沉澱、工藝累積，短期內很難被對手超越。貴州茅台幾乎零庫存，經銷商總是在搶貨，只要有貨就賣得掉，根本不存在市場風險。

　　2. 產品單一，最好是一個產品打天下。舉例來說，可口可樂銷售可樂這個產品將近 100 年，幾乎沒有變化，產品的利潤完全不依賴新產品開發，銷售成長平穩，沒有風險。

　　3. 低投入、高產出。舉例來說，機場經過投資建設後，每年靠著航班起降的次數賺錢，而且壟斷所在區域，沒有競爭壓力。

　　4. 利潤總額高，獲利穩定。公司年利潤至少要在 5 億元以上，因為在通貨膨脹下，如果一年只賺幾千萬元，根本不夠幾個月的成本開銷，風險很大。另外，要遠離曾經虧損的公司，最好選擇每年盈餘成長率都超過 15%、體質良好、成長性好的公司。

　　5. 股東權益報酬率高。股東權益報酬率（注：計算方式為「稅後淨利÷股東權益」）反映公司利用淨值產生淨利的能力，是衡量企業獲利能力的重要指標。「淨值」是指總資產減去總負債後的餘額（注：即股東權益），代表一個公司真正值多少錢。並非淨值越高越好，關鍵在於公司每年利用淨值賺到多少錢，也就是股東權益報酬率越高越好。好公司的股東權益報酬率應該在 20% 以上，這個指標在 10% 以下的公司沒有投資的價值。

　　6. 有穩定高毛利率。毛利率是最重要的財務指標，毛利率高表示公司在行業內、產品上有絕對的定價權。公司的毛利率穩定或趨升，是我們投資這家公司的根本。如果毛利率下降，就不應該投資。

　　7. 應收款少、預收款多。應收款多表示客戶欠帳很多，壞帳風險偏大，不過還要看應收款的實收率。預收款多表示產品暢銷，都是先向客戶收錢

再發貨，代表產品競爭力很強。

8. 一個行業的龍頭。每個行業都有龍頭，隨著市場競爭日趨激烈，行業龍頭往往賺走大部分的利潤。以手機業來說，早期的蘋果公司賺取該行業 97％ 的利潤，其餘的公司只賺到 3％，這就是龍頭企業的優勢。投資者唯有選擇龍頭公司，才能找到賺錢機器。

9. 盈餘殖利率高、借款金額少。公司的每股盈餘越高，代表賺錢能力越強。不過，不能只看每股盈餘，若每股盈餘很高，但股價也很高，使得盈餘殖利率（注：計算方式為「每股盈餘 ÷ 股價」）過低，就不值得投資，因為回本週期會很長。另外，公司的借款金額越少越好，高負債的公司不僅經營成本高，而且體質脆弱，很容易出現經營危機。

10. 嬰兒的股本，巨人的品牌。未來 3 年能漲 10 倍至 20 倍的公司，都有這些特徵：股本很小，已是行業中的老大，市占率非常高。舉例來說，1950 年代的索尼（SONY）是一家小公司，但品牌很響亮，在日本的市占率很高，當時投資索尼的機構和個人投資者都賺得盆滿缽滿。

對照上述 10 個標準，**一家公司若能符合 8 個以上，基本上就是價值股，若全部符合，絕對是價值股。**長期持有這些好公司，獲得高報酬的機率很大。如果再選到一個好買點，就很可能會獲得超過市場平均值的利潤。

受到外在利空因素的影響，市場可能會大幅壓低價值股公司的股價，對於充分瞭解公司價值的人來說，這是千載難逢的買進機會。因為公司自身的經營維持不變，而且處於市場領先地位，只要外在因素轉好，市場馬上會恢復估值，投資者就能獲得超額的市場波動報酬。但是，不瞭解公司價值的人，一旦市場恐慌就跟著恐慌，於是被當韭菜割。

請大家仔細閱讀以上 10 個判斷價值股的標準，有空就研究其中提出的公司基本面，哪怕花 3 至 5 年瞭解一家公司，也比 10 年天天盯著 K 線波動強。盯著 K 線只會擾亂心智，讓人變得不理性，最後被理性投資者收割血汗錢。

十點來解答

阿有：

我不認同只有 1% 散戶賺錢的說法，我身邊的朋友都是散戶，不敢說賺大錢，但有獲利的占半數以上，我也是散戶，也是有獲利的。以前散戶的資訊落差大，但在網路時代，散戶也在進化，現在大家都慢慢瞭解資本市場的運作模式，因此我堅信資本市場很值得賭一把。

做生意也無法保證穩賺不賠，更何況炒股這種相對自由輕鬆的方式？所以，重點還是每個人的付出和努力，市場從不缺機會，缺的是信心和執著。

十點：

不要今年獲利就認為自己賺錢，10 年都持續獲利才算是真正賺錢，大部分散戶往往在一開始資金少、心態好的時候能賺錢，卻以為是靠自己的能力，於是開始大量投入，結果大虧。還有，賺錢的人有沒有賺到年化報酬率 5% 的獲利？如果沒有，還不如把精力花在別的地方。

>>>

鵬：

我看好創業板中的權重價值股，不想去碰小股票。

十點：

要買好公司，只買好公司，創業板裡炒概念的公司很多。當然，買指數是最可靠的。

鵬：

明白了，嚴格執行 10 個選股標準，耐住寂寞，靜待花開。

2-3

跟隨蒙格用一招，
看透一檔標的是不是價值股

　　蒙格說：「長期來看，投資者的投資報酬率，接近企業的長期股東權益報酬率。」假如你買進一檔股票的價格等於公司的淨值，也就是股價淨值比等於 1（注：計算方式為「股價 ÷ 每股淨值」，股價淨值比越低，代表股價越接近淨值〔也就是股東權益〕），如果不考慮市場波動的折價或溢價，長期獲得的報酬率正好等於股東權益報酬率。

　　投資價值股獲得的超額報酬，主要來自市場波動。假如你買進時的股價淨值比是 2，也就是溢價 100%，等於用 2 元買進值 1 元的資產，如果這家公司的股東權益報酬率是 15%，那麼你至少需要 5 年來消化公司超額上漲的部分。關鍵是，買進後 10 年才獲得不到股東權益報酬率一半的報酬率，買進後 20 年才獲得與廣基型指數差不多的報酬率。

✚ 買對好股，也要買對時機

　　你投資價值股時，即使買到好公司，若是在股價高位買的，長期要獲得超過廣基型指數的報酬率也非常不容易，何況還可能看走眼而買錯公司。

　　相反地，假如你買進時的股價淨值比是 0.8，也就是折價 20%，等於用 0.8 元買進值 1 元的資產，如果這家公司的股東權益報酬率是 15%，那麼接

下來的 5 年，你會獲得近 20％的年化報酬率，跑贏股東權益報酬率 4 個百分點以上。

如果你買進時的股價淨值比是 0.5，那麼第一年最高可以獲得 130％的報酬率。因此，買進的公司股價淨值比越低，長期獲得的報酬率越可觀，安全邊際越高；買進的公司股價淨值比越高，長期獲得的報酬率越低，風險越高。一般來說，持有價值股的長期報酬率不會超過股東權益報酬率，我們看幾個典型的例子，並進一步說明。

　　1. 貴州茅台的股價，19 年上漲約 301 倍（見下頁圖 2-1），年化報酬率 30.4％。長期的股東權益報酬率是 24％～ 45％，平均約 30％（見下頁圖 2-2），基本上與年化報酬率吻合。

　　2. 萬科 A 的股價，29 年上漲約 311 倍（見第 89 頁圖 2-3），年化報酬率 21.1％，而近 12 年的股東權益報酬率一直在 20％左右浮動（見第 89 頁圖 2-4），這再一次證明，價值股的長期盈餘殖利率與股東權益報酬率具有關聯性。

　　3. 格力電器的股價，24 年上漲約 542 倍（見第 90 頁圖 2-5），年化報酬率 28.23％，而近 11 年的股東權益報酬率始終在 25％～ 35％波動（見第 90 頁圖 2-6），與年化報酬率幾乎相同。

　　4. 招商銀行的股價，18 年上漲超過 17 倍（見第 91 頁圖 2-7），年化報酬率 17％（見第 91 頁圖 2-8），而且近 12 年的股東權益報酬率也在 15％左右，與年化報酬率幾乎吻合。

大家可以對照其他價值股的數據，會發現 80％價值股的年化報酬率與股東權益報酬率是吻合的，因此你可以用這個指標，檢驗一檔股票是不是真正的價值股。如果要獲得 10％以上的年化報酬率，就不應投資長期股東權益報酬率低於 10％的公司。

不過，互聯網公司的情況特殊，它們本身不是靠淨值獲得收入，所以不適用這個方法。至於 90％以上的傳統企業，長期投資報酬率與股東權益報酬率息息相關。

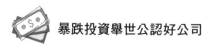

暴跌投資舉世公認好公司

圖2-1　貴州茅台區間漲幅（2001年12月31日～2020年12月31日）

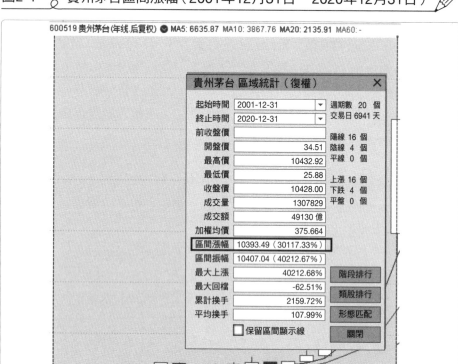

圖2-2　貴州茅台2009～2020年股東權益報酬率

圖2-3　萬科A區間漲幅（1991年12月31日～2020年12月31日）

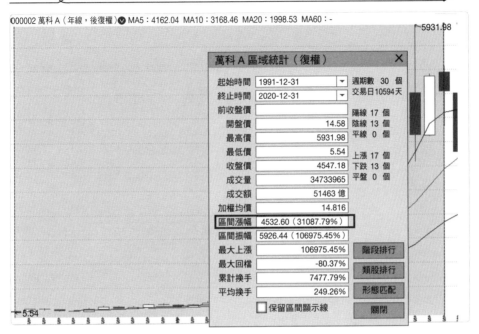

000002 萬科A（年線，後復權）MA5：4162.04 MA10：3168.46 MA20：1998.53 MA60：-

萬科A 區域統計（復權）

起始時間	1991-12-31	週期數 30 個
終止時間	2020-12-31	交易日10594天
前收盤價		
開盤價	14.58	陽線 17 個
最高價	5931.98	陰線 13 個
最低價	5.54	平線 0 個
收盤價	4547.18	上漲 17 個
成交量	34733965	下跌 13 個
成交額	51463 億	平盤 0 個
加權均價	14.816	
區間漲幅	4532.60（31087.79%）	
區間振幅	5926.44（106975.45%）	
最大上漲	106975.45%	階段排行
最大回檔	-80.37%	類股排行
累計換手	7477.79%	形態匹配
平均換手	249.26%	
□保留區間顯示線		關閉

5931.98

5.54

圖2-4　萬科A 2009 ～ 2020 年股東權益報酬率

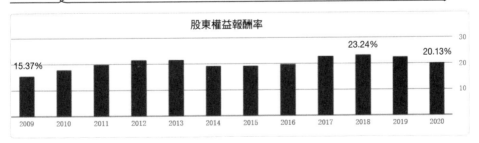

股東權益報酬率

15.37%　　　　　　　　　　　　　　　　　　　　　23.24%　　20.13%

2009　2010　2011　2012　2013　2014　2015　2016　2017　2018　2019　2020

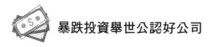

圖2-5　格力電器區間漲幅（1996年12月31日～2020年12月31日）

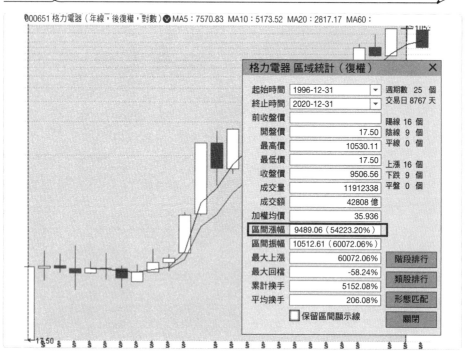

圖2-6　格力電器2012～2022年股東權益報酬率

圖2-7　招商銀行區間漲幅（2002年12月31日～2020年12月31日）

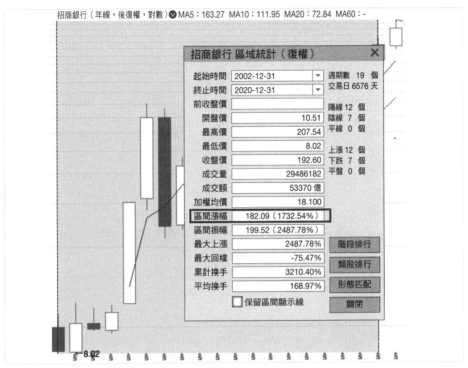

圖2-8　招商銀行2009～2020年股東權益報酬率

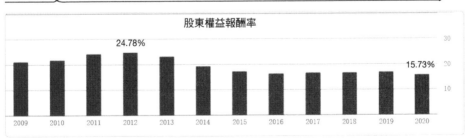

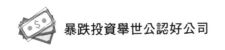

這裡補充 2 個篩選好公司的條件。

1. 稅後淨利超過 10 億元。
2. 現金殖利率超過 5%（注：計算方式為「現金股利 ÷ 股價」）。也就是說，你買進股票後，如果一年的現金股利是本金的 5% 以上，即使股價不再上漲，你也會獲利。而且，若選擇股價處於歷史低位的股票，股價上漲應該是遲早的事，你可以安穩地拿配息。

最後，如果選擇股價淨值比低於 1 的公司，相當於用不到 1 元的成本，買到 1 元的資產，每年賺 5% 現金股利。按照投入的資產比值計算，實際的現金股利報酬率遠超過 5%，這種穩賺的生意到哪裡找？
所以，你挑選價值股時，可以剔除配息不穩定的公司，最好選擇配息穩定成長的公司，這說明它們的經營狀況穩定，值得長期投資。

十 點 來 解 答

贛江：
　　貴州茅台的股價淨值比超過 11，股價天天漲，而銀行股的股價淨值比通常不到 1，股價卻很難上漲。股價淨值比真的可以當標準嗎？

十點：
　　當然可以，這個指標要看長期表現，而且每個公司的歷史股價淨值比不一樣。貴州茅台的歷史股價淨值比平均為 8，2018 年 11 月曾降到 6.7，所以那時是最好的買進時機，不要光看股價絕對值！

>>

雁藍天：

現金殖利率會年年變化很大嗎？

十點：

儘量買長期穩定配息的公司。

>>

Move：

我目前定期定額投資滬深 300 指數和創業板指數的基金，兩個倉位都一樣。後續應該維持現狀，還是偏向滬深 300 指數基金呢？

十點：

想穩一點就選滬深 300 指數基金，想追求高報酬、高波動，就選創業板指數基金。

2-4

瞄準低估值、高配息股票，你也能 10 年賺 10 倍

　　價值股的長期報酬率，一般不會超過股東權益報酬率，除非你能賺到市場波動的錢。那麼，如何賺到波動的錢？以 10 年做到年化報酬率 40%（15% 企業成長 + 25% 市場波動）的芒叔來說，他能找到風險極低、潛在報酬率極高、極穩定的投資標的，因此造就長期穩定的高報酬。

　　我們普通人很難找到這些低風險、高報酬的投資機會，但可以學習芒叔的價值投資方法和原理。只要達到芒叔一半的波動收益（每年12.5%），加上選擇股東權益報酬率 15% 以上的好公司，便可以達成年化報酬率 27.5%，也就是 10 年獲得 10 倍報酬。

✛ 2 個步驟賺取波動收益

　　一般投資者若是想獲取波動收益，並長期持續賺錢，需要 2 個步驟。

　　第一步是找到 10 年內不會倒閉的公司。最簡單的辦法是選擇官股概念股企業，尤其是環境能源類企業，以及某行業的龍頭企業。

　　第二步是找到股價淨值比處於歷史低位的公司。擇時逢低買進，等待市場價值回歸，賺取被低估那部分的市場波動價差。

　　做到這 2 步，就有六、七成的把握賺取波動收益。第一步找出官股概

念股企業，並逐一篩選。第二步按照以下 3 個條件篩選出公司：

1. 歷史業績從未虧損。
2. 股東權益報酬率超過 10%，最好超過 15%。
3. 當前股價淨值比處於歷史低位。

不過，用這 3 個條件選出的公司，成長性往往偏低，有些幾乎不成長，因此大部分公司的長期投資價值就是市場平均水準，與大盤差不多。

即使是低成長的官股概念股企業，股價被嚴重低估後，市場終究會回到合理估值。這是價值投資的基本常識：價格終究圍繞價值波動。我們賺的就是從低估價格到合理價格的波動收益，這段區間獲利豐厚、風險很低。這種方式不需要特別長的持股週期，但也是價值投資的一種方式。

從圖 2-9 可以看出，低估區股價遠低於合理區，此時買進所承受的風險最低，因為往下空間有限，往上空間無限。那麼，如何判斷股價是否被低估？簡單的判斷標準是：當股價淨值比遠低於歷史平均值，或者絕對值

圖2-9　股價的低估區、合理區、泡沫區

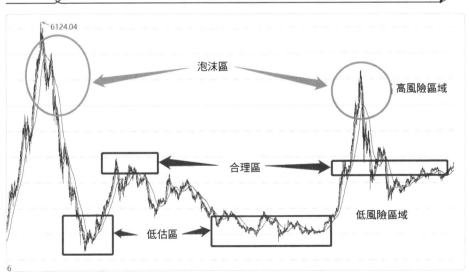

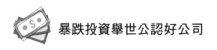

圖2-10 ○ 寶鋼股份股價淨值比（2006年12月～2020年10月）

圖2-11 ○ 寶鋼股份股價（2014年3月）

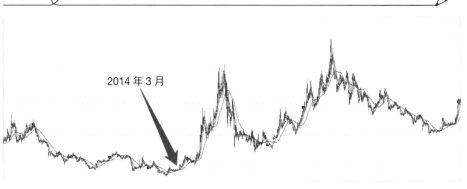

低於1、甚至0.8，接近歷史低位。當股價淨值比回歸到合理區附近，就是清倉時機。這個合理區就是歷史平均值附近，或者1附近。

　　以寶鋼股份為例。2014年3月，寶鋼股份的股價淨值比跌到約0.54（見圖2-10），當時的股價如圖2-11所示。之後股價一路上漲，2015年4月漲到合理估值附近（見圖2-12），股價淨值比為1.17（歷史平均值為1.36），就是清倉時機。像這樣持有約一年，能獲得76.75%的總報酬（見圖2-13），而且風險極低，是典型的低風險與高報酬。

圖2-12 ◯ 寶鋼股份股價（2012年6月～2019年5月）和股價淨值比

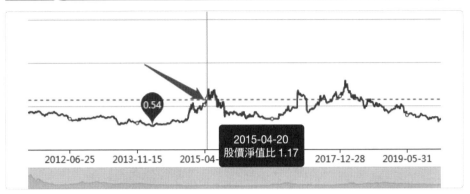

圖2-13 ◯ 寶鋼股份區間漲幅（2014年3月7日～2015年4月20日）

寶鋼股份 區域統計（復權）	✕

起始時間	2014-03-07 ▼	週期數 274 個
終止時間	2015-04-20 ▼	交易日 410 天
前收盤價	7.27	陽線 133 個
開盤價	7.27	陰線 120 個
最高價	13.40	平線 21 個
最低價	7.13	上漲 132 個
收盤價	12.85	下跌 129 個
成交量	235921840	平盤 23 個
成交額	1427 億	
加權均價	6.049	
區間漲幅	5.58（76.75%）	
區間振幅	6.27（87.94%）	

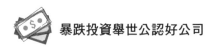

圖2-14 寶鋼股份股價淨值比（2013年6月～2017年12月）

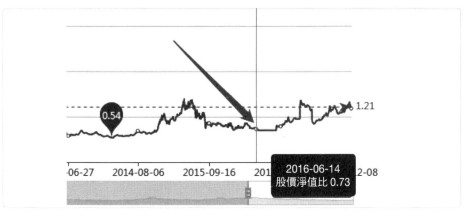

圖2-15 寶鋼股份股價淨值比（2015年4月～2020年10月）

　　之後的一個機會大概是在2016年6月，寶鋼股份的股價淨值比跌到0.73（見圖2-14），嚴重偏離歷史平均值1.36，接近歷史最低點0.54。此後股價持續上漲到2017年3月，進入合理區，股價淨值比為1.26，接近歷史平均值1.36（見圖2-15），這時可以考慮清倉。

　　當時的股價走勢如圖2-16所示，從2016年6月建倉到2017年3月清倉，九個月總共獲得大約30%的高報酬，而且風險極低。之後股價繼續大漲，

圖2-16 寶鋼股份股價（2016 年 6 月～2017 年 3 月）

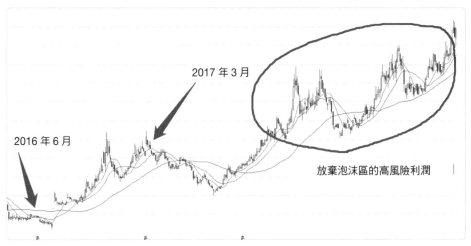

2017 年 3 月

2016 年 6 月

放棄泡沫區的高風險利潤

但是進入泡沫區，變得風險很高，已不屬於我們要操作的範圍，所以大家不用覺得可惜。

滿足 3 個條件，股東長期拿配息

此外，有一個變相獲取長期穩定投資報酬的辦法，能輕鬆獲得超過 5% 年化報酬率，就是買進穩定配息的好公司，當個股東每年領配息。

這樣的公司，必須是常年利潤增幅高於股價增幅的好公司。請注意，一定要是「好公司」，而且有真金白銀的「真利潤」，還要捨得「發配息」。滿足這 3 個條件，投資者才能長期拿到配息（現金股利）。

一般情況下，買進這類股票時，現金殖利率可能只有百分之幾，5 年至 10 年後，現金殖利率可能變成百分之幾十。

以工商銀行為例。在 2017 年至 2020 年，工商銀行的每年淨利潤皆高達 3,000 億元左右（見表2-1），雖然每年成長幅度很小，但是總體業績穩定，也沒有出現斷崖式下跌。

那麼，分到每一股的利潤大概是多少呢？以 2020 年為例，截至第三季

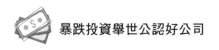

表2-1 ⚬ 工商銀行成長能力指標

成長能力指標	2020-12-31	2019-12-31	2018-12-31	2017-12-31
營業總收入（元）	8827 億	8554 億	7738 億	7265 億
歸屬母公司淨利（元）	3159 億	3122 億	2977 億	2860 億
扣除非常項目後淨利（元）	3141 億	3105 億	2955 億	2840 億
營業總收入同比（％）	3.18	10.55	6.51	7.49
歸屬母公司淨利同比（％）	1.18	4.89	4.06	2.80
扣除非常項目後淨利同比（％）	1.16	5.06	4.08	2.89
營業總收入滾動環比（％）	1.00	1.36	0.78	4.70
歸屬母公司淨利滾動環比（％）	9.24	0.80	−0.00	0.91
扣除非常項目後淨利動環比（％）	9.19	0.80	0.03	1.15

單位：人民幣

度，每股盈餘已經是 0.64 元，全年應該在 0.8 元以上，而對應的股價是 5 元左右，報酬率可以達到 16%。

當然，工商銀行不會把利潤全部用於配息，根據近 8 年的記錄，基本上是穩定地每 10 股配息 2 元以上。按照 2019 年的資料計算，每 10 股配息 2.63 元，股價 5 元，盈餘分配率是 5.26%。也就是說，如果當時買進工商銀行，除了股價處於低估區，還可以獲得每年超過 5% 的配息。

當然，市場風險肯定存在，公司在經營上一定有不確定性，工商銀行也一樣。如果你是退休人士，也充分瞭解資本市場的風險，基本上可以買進銀行股來獲取穩定的配息，用於補貼養老開銷。

如果再往前推到 2006 年，情況是如何呢？ 2006 年工商銀行的總利潤是 488 億元，到了 2019 年，總利潤是 3,122 億元，漲幅超過 5 倍，年化漲幅為 14.2%。

在這段期間，工商銀行的股價漲幅見圖 2-17。從 2006 年至 2019 年，

圖2-17 ⌒ 工商銀行區間漲幅（2006年12月29日～2019年12月31日）

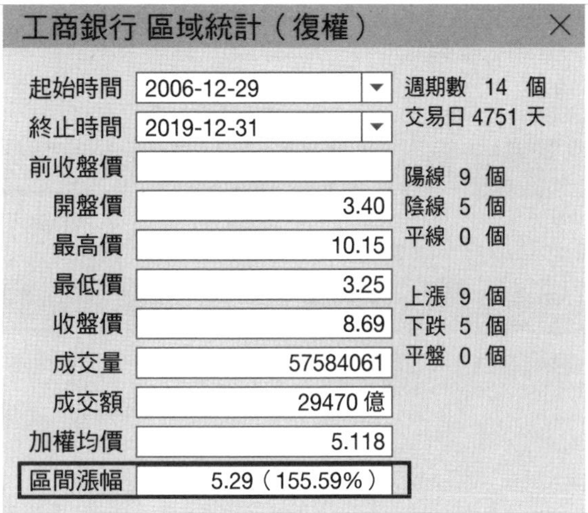

工商銀行 區域統計（復權）　　　　　✕	
起始時間　2006-12-29　▼	週期數　14　個
終止時間　2019-12-31　▼	交易日 4751 天
前收盤價	
開盤價　　　　　　3.40	陽線　9　個
最高價　　　　　　10.15	陰線　5　個
最低價　　　　　　3.25	平線　0　個
收盤價　　　　　　8.69	上漲　9　個
成交量　　　57584061	下跌　5　個
成交額　　　29470 億	平盤　0　個
加權均價　　　　　5.118	
區間漲幅　　5.29（155.59%）	

圖2-18 ⌒ 工商銀行股票報酬率情況

買進價格：　　　　　　3.4	元
賣出價格：　　　　　8.69	元
持有年限：　　　　　14	年
計算　　　清空	
總報酬率：　　　155.59	%
年化報酬率：　　　6.933	%

工商銀行的股價在 13 年間總計上漲 155.59％，年化漲幅為 6.933％（見圖 2-18），遠遠低於利潤的漲幅。

工商銀行的歷年配息狀況見表 2-2。每 10 股配息金額從 2008 年的 1.33 元，成長到 2019 年的 2.51 元，翻了一倍。假如你在 2006 年以每股 3.4 元的價格，買進 1 萬股工商銀行，共花費 3.4 萬元。

到了 2020 年，按照每 10 股配息 2.63 元來計算，總共獲得 2,630 元配息，

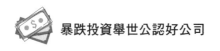

表2-2 工商銀行歷年配息情況

年份	2020 年	2019 年	2018 年	2017 年	2016 年
配息	10 股 2.63 元	10 股 2.51 元	10 股 2.41 元	10 股 2.34 元	10 股 2.33 元
年份	2015 年	2014 年	2013 年	2012 年	2011 年
配息	10 股 2.55 元	10 股 2.62 元	10 股 2.39 元	10 股 2.03 元	10 股 1.84 元
年份	2010 年	2009 年	2008 年	2007 年	
配息	10 股 1.70 元	10 股 1.65 元	10 股 1.33 元	10 股 0.16 元	

現金殖利率高達 7.73％，而且配息還年年成長。你捨得賣出這樣的股票嗎？

當工商銀行的股價跌到 3.4 元以下，你一定會持續買進，因為這是一檔賺錢機器。我相信，你會越來越喜歡股價下跌，因為可以買到更多、更便宜的籌碼，而且持有的股數越多，未來拿到的配息就越多。

歷史上，工商銀行的股價確實曾低於 3.4 元，圖 2-19 是不復權的年線圖，2008 年的最低價為 3.13 元，2014 年的最低價為 3.2 元，都是可以繼續買進的時機。

工商銀行也許不是最好的高配息股，但是順著這個思路，我們可以尋找股價淨值比低於 0.8 的公司。特別是位居龍頭地位的大型企業，它們的長期獲利穩定，成長率不高，盈餘分配率高且穩定，當股價淨值比越低，就越值得長期投資，並且風險很低。

圖2-19　工商銀行2008年、2014年股價低點

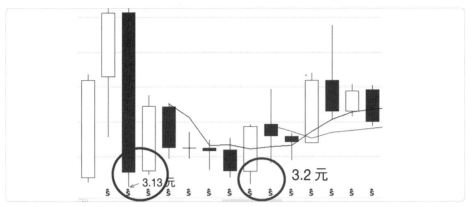

3.13元

3.2 元

┌─┬─┬─┬─┐
│十│點│來│解│答│
└─┴─┴─┴─┘

寧靜致遠：

　　「價值投資就是買進被低估的股票，然後長期持有到被高估時賣出。這不就是買低賣高嗎？道理簡單，但真正能做到的卻是少數人，追根究柢還是因為散戶本金太少了，我知道拿著好股票，放幾年很可能賺錢的。

　　大戶的本金動輒幾百萬、甚至幾千萬，他們已經實現財富自由，做價值投資就算是年化報酬率10％，也夠快樂生活。散戶用幾萬元或十幾萬元本金去做價值投資，是要來股市發財，不是來休閒娛樂，因為我們沒有幾千萬元的身家。以上就是大部分散戶做不到價值投資的主要原因。」

　　以上這段話是我在其他地方看到的，我覺得很多人都是這種心態，也許價值投資真的不是每個人都能做到，可以說是性格決定風格吧。

十點：

　　很多人覺得這樣賺錢慢，但是沒想過他們所謂的快方法一直虧錢，其實我們在錢少的時候，更要珍惜每一分本金，才能滾出未來的大雪球。

2-5

配息持續投入讓錢滾錢，每年穩定獲利達30%

在這一節，我們計算價值投資獲得回報的過程。

首先，挑選一家普通的好公司（因為特別好的公司沒有代表性），以偉星新材為例，圖 2-20 是不復權的股價年線圖。

偉星新材在 2010 年上市後，每年皆穩定配息，而且一般都有 4% 左右，比例不低。假設我們在上市的第二年（因為第一年上市沒有配息）買進 10 萬元，之後的幾年可以獲利多少？

2011 年年末，收盤價是 15.55 元，10 萬元大約能買進 6,400 股，當年配息為每 10 股 3 元，那麼可以分得 1,920 元。然後，我們將配息再投入，1,920 元大約能買進 123 股，總股數變成 6,523 股。

2012 年的配息為每 10 股 8 元，6,523 股可以分得 5,216 元現金，相當於 5.2% 報酬率，超越銀行理財產品的收益。不用管股價上漲，因為我們準備長期持有，不打算賣出，股價與我們無關。如果繼續投入配息，按照 2012 年年末收盤價 16.72 元計算，5,216 元大約能買進 312 股，總股數變成 6,835 股。

2013 年每 10 股配息 8 元，並配股 3 股，6,835 股可以分得 5,468 元現金和 2,050 股，相當於 5.44% 報酬率，超越銀行理財產品的收益。如果繼續投入配息，按照 2013 年年末收盤價 14.82 元計算，5,648 元大約能買進 369

圖2-20 偉星新材不復權的股價年線圖

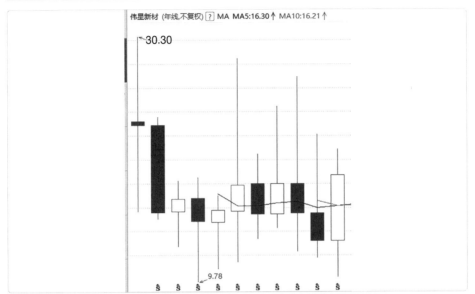

股，總股數累計達到 9,254 股。

　　之後每年都按照上述方法操作，根據偉星新材的配息政策，到 2020 年年底，我們的總股數將達到 51,000 股。

　　按照 2020 年年底收盤價 15.97 元計算，我們的持股市值為 814,470 元，也就是說，無論股價漲跌，投資 9 年後，能獲得大約 700% 的總報酬。往年每股平均配息 0.5 ～ 0.8 元，取中間值 0.65 元計算，往後每年的配息收益大約為 33,150 元（0.65×51,000）。按照 10 萬元本金計算，年報酬率高達 33%。

不期待股價漲翻天，就離財富自由更近一步

　　看完上面的內容，你有沒有發現，如果把當年的配息再投入，到年底時，你不會再期待股價漲翻天，只會希望它跌得越低越好，這樣才能買進

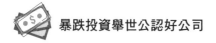

更多股數，在明年得到更多配息。

　　如果你開始這樣思考，根本不會關心股價有沒有上漲，而是關注今年配息多少、有沒有配股，這就是真正的價值投資。假設期間你努力工作，賺到更多現金，然後持續買進偉星新材，9 年後，你會獲得更多的配息收入。

　　或許有些數據看不懂，或是我計算得不夠精確，但這些不是重點，結果也不會有很大的出入，重要的是掌握分析過程中的思路及方法。找一檔你能理解的價值股，用這種思維和方式操作，你距離財富自由的目標就會越來越近。

▶ 總是想抄底卻抓不住時機，該怎麼辦？

▶ 股價上下震盪就追漲殺跌，如何心不驚？

▶ 聽到末日說便倉促賣出，但歷史證明多此一舉

▶ 只看股價而忽略公司價值，怎麼改正思維？

▶ 牛市長紅就心癢想追漲，如何抵擋誘惑？

▶ 誤解價值投資不必忍受市場波動，其實⋯⋯

▶ 誤會長期高配息能跑贏指數，怎麼操作才對？

▶ 以為靠消息和關係會賺翻，但終究虧更大

第 3 章

散戶和股市小白必看！
這樣避開8個投資陷阱

3-1

【陷阱1】總是想抄底卻抓不住時機，該怎麼辦？

　　關注價值股的買點固然重要，但是更重要的是已經買進，而不是一直在等待最低點，如果總想買在最低點，很容易錯過時機。

　　知名投資家林園曾說：「我在熊市中買進看好的股票後，告訴身邊的朋友，不過他們都想等到價格更低時再買進。後來股價確實下跌，但是緊接著牛市，結果他們還是沒有買，因為他們一直在等待更低的價格。」

✚ 看2個歷史因素判斷最佳買賣點

　　以中國平安為例，假設在跌停價 26.45 元買進，之後股價進一步跌到 19.2 元，那麼最大浮虧將超過 27%。也就是說，如果當初買進 10 萬元，最多一度會虧到 2 萬 7 千元。有些人即使知道這樣的情況，還是認為等一下再買比較好，但幾年後他仍然沒有買，因為一般人的心態就是看到便宜還想等更便宜。

　　其實，買股票的標準不是尋找最低價，想要買在最低價是不切實際的事。我們只有一個判斷標準，那就是市場估值合不合理，也就是貴不貴。這個判斷標準只需要看兩個因素。

　　第一個，市場整體估值目前處於的歷史平均水準。如果是歷史低位，

圖3-1　中國平安股價走勢圖（2009 ～ 2021 年）

那麼風險不會太大。

　　第二個，個股本益比處於的歷史平均水準。這個指標的前提是價值股，不靠買賣資產，而靠長期穩定的主營業務收入，來降低本益比。

　　再看一下，中國平安 2020 年 3 月的本益比是 11 倍，而歷史平均本益比是 20 倍，歷史最低本益比是 8.17 倍，這時的股價算貴嗎？不能看它的復權價格，而要看同期的本益比。

　　別指望中國平安跌到圖 3-1 畫框的位置，因為那只有公司快要倒閉才有可能。如果中國平安正常經營，那麼這種估值水準應該是極低了。

　　還有一點，大家買進價值股後不用反應過度，一看到公司有點負面消息就想賣掉。有些人總想不透，一家公司原本風平浪靜，自從自己買進後，事情就多得不得了。其實這是一種認知偏誤，因為買進，自然會特別關注，加上現在的大數據十分發達，系統會主動把負面新聞推薦給你，因此要允許這些公司在經營過程中出現負面消息。

　　就像中國平安經營十幾年，發展得很好，不會因為你一買進就經營不

善，所以不用杞人憂天，也不用時刻關注它的消息，只要等待即可。你能掌控的只有一個因素：盡可能以低價買進，虧錢的機率就會很低。除此之外的努力都是徒勞，中國平安不會因為你多看幾則新聞，經營就會有變化，你也不會因為幾則公開的新聞，而更瞭解中國平安。

如果你不相信它是好公司，就不要買進，買了就用時間驗證。普通散戶要投資，只能選擇舉世公認的好公司，不要試圖挖掘黑馬股，如果你有這個本事，就不會虧損連連。

你可以用類似方法，找出自己認定是好公司的股票，相信它在你的有生之年不會倒閉，然後等待便宜的機會買進即可。

十點來解答

昌哥：

「在低點以定期定額方式買進越多，未來報酬率越高。價值股低估時，也是加倍買進的機會。」老師說得對，我認識到好股票暴跌不是風險，公司基本面變壞才是風險；股價持續暴跌也不是風險，害怕暴跌、恐慌賣出才是風險；自作聰明，想低買高賣賺價差才是最大風險。

十點：

你的理解非常到位。

>>

明明：

做價值投資時，不管什麼價位，你得先買，然後再找低位補倉。這樣後面股價上漲有倉位，股價下跌還能補……。

十點：

方向完全正確，加油！

>>>

小魚兒：

已全倉買進指數基金，雖然被深套著，但我感到從未有過的淡定和從容，這要特別感謝老師一直以來的無私講解，讓我改變短線思維，轉為價值投資理念。

十點：

如果能在市場下跌、熊市最悲觀時買股票，在全世界都覺得快完蛋時樂觀滿倉，未來就是你的了。然後，我們應該在別人最亢奮時全數賣給他們，一點也不用客氣。很多媒體會告訴你 50 倍本益比也合理，而現在即使是 10 倍本益比，他們也會告訴你世界快完蛋了，甚至股價淨值比 1 倍的股票都沒人要。

3-2

【陷阱2】股價上下震盪就追漲殺跌，如何心不驚？

2021 年的春節假期之後，白馬股普遍大幅回檔，部分股票 5 天就下跌 20％。它們原本都是市場寵兒，就是我經常說的漲翻天的好公司，但是這幾天彷彿變成燙手山芋。

2018 年股市狂跌時，我在自己的社群分析 30 多檔價值股。等到 2019 年、2020 年，90％以上的價值股都開始上漲，2018 年至 2020 年春節前，上漲好幾倍的價值股比比皆是。

然後，我在 2020 年下半年說得最多的是，不要去追漲翻天的價值股，除非你能忍受幾年的深套，那樣長遠來看也能賺錢。不過，當年有不少人去追漲，因為怕錯過好公司。這種思維可以理解，因為在股價上漲時很容易忘記跌的樣子。

結果 2021 年一開始，股市就大幅下跌，原來貴州茅台、五糧液、愛爾眼科、海天味業等著名的價值股也可以跌停，甚至短期內下跌 50％。

我曾特別提醒大家，不要因為過年聚會時親朋好友討論股票，春節假期後就投入更多資金。假設原來投資 10 萬元，賺了 30％（等於 3 萬元利潤），若現在加大投資到 30 萬元，那麼跌 20％就會虧 6 萬元，不僅前面的 3 萬元利潤沒了，還會倒虧 3 萬元。如果你遇到這種事情，心裡肯定不是滋味，市場可能還會進一步殺跌，真的會令人崩潰。

　　長期來看，有些價值股這兩年上漲 200％，甚至 300％，而跌 50％也是正常的市場調整，與公司的經營毫無關係，並非股價下跌後，它們就不再是好公司。只是自己買得太貴，吃到全部跌幅，當然損失很大。

　　2020 年最後三個月裡，我一再強調要買進低估價值股，播種屬於自己的麥田，未來才有所收穫。那個時候沒人相信，因為這些股票不漲，看到那些漲翻天的股票每天持續大漲，很多人不甘心。

　　經過 2021 年春節後的大跌，有人醒悟了，不再相信這些漲翻天的價值股會一直漲下去，甚至開始罵這些公司都是垃圾。相反地，2020 年我反覆提及的低估價值股變得很抗跌，有些還不跌反漲。

　　2021 年，是這些低估價值股的牛市，高估價值股的熊市。市場短期會大幅波動、錯殺好公司，但長期會趨於穩定，會因為發現價值而補漲。

識別低估和高估價值股，賺波動的錢

　　以後普漲式的牛市會越來越少，上漲大多將是結構性的。漲多回檔，跌多回歸。如果你能抓住這種波動，可以賺兩部分的報酬，分別是企業盈利（15％）和市場波動（5％～ 15％）。也就是說，買進好的價值股，什麼也不動，長期最少可以獲得 15％左右的年化報酬率。如果更進一步，能識別低估和高估價值股，掌握市場波動，可以獲得 20％～ 30％的年化報酬率。

　　大部分人無法掌握市場波動，如果執意想賺波動的錢，可能連企業盈利的 15％也賺不到。有人肯定會想，既然 2021 年會跌，那麼可以提前賣掉，轉去買低估的股票。如果有把握當然可以，但 95％以上的散戶沒有這個能力，所以只能買進好公司，然後長期持有，放棄賺波動的錢。

　　當白馬股開始大幅回檔時，真正的價值投資者會開始期待，因為終於有機會買進一直想買的好公司。我建議大家，在價值股從高點下跌 30％以上時，買進 100 股或 1000 股試試看。只有買進後才會真正關注它，然後一路跌一路買。如果價值股調整 50％以上，可以大幅買進，持有 3 年以上，有很大的機會能實現年化報酬率 15％。

　　真正的價值投資者，只要長期穩定的 15％～ 20％報酬率，不要忽上忽

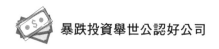

下、短期的 100% 報酬率。因為我們始終相信,想要富裕就要靠複利、靠時間,而不是賭運氣。

十點來解答

滿天星:

　　十點老師,我在 2020 年的最後三個月,開始研究您的價值股分析文章,根據自己的資金量找到自己的股票池,種好自己的麥田,獲得穩穩的幸福,不再為每天的漲跌而糾結。感謝十點老師,不但授人以魚,更是授人以漁。

>>>

聚:

　　十點老師改變我的投資理念,以前我在股票市場追漲殺跌、損失慘重,甚至相信騙子,去嘗試不懂的選擇權交易和數位貨幣,被騙了不少錢。這些年,我每天必看十點的文章,去年開始做價值股投資,並以定期定額方式投資基金。

　　現在我會購買老師推薦的書來學習,不再天天糾結股票的漲跌,相信不久的將來,我一定能挽回自己在股市的所有損失,享受投資的真正報酬。

3-3

【陷阱 3】聽到末日說便倉促賣出，但歷史證明多此一舉

當所有人都以為世界末日來臨時，真正聰明的投資者會抓住一個巨大機會。

多數人總是相信新聞媒體鼓吹的情景，但媒體都期望天天發生大事件，所以報導得天花亂墜，迎合大眾口味。他們說，當全球疫情爆發時，只有賣出所有的金融產品、回收現金，才是安心踏實。投資界的偽專家也出來煽風點火，宣稱「現金為王」。

真正的投資者，尤其是價值投資者，這時卻反其道而行，用盡最後一元現金買進價值股。

像芒叔這樣堅定的價值投資者，當時甚至召集自己的客戶來攤牌。芒叔說：「客戶投資我們的私募基金，我們不僅是為投入的錢服務，更要在適當的時機，給予客戶恰當的資產配置建議，這是我們的責任，讓客戶在市場便宜的時候不會錯過。」我那時也是要粉絲大膽買進價值股。即使有些人好心提醒我不要誤導大眾，我還是堅定地表示：「寧可被罵，我也要向大家建議加倍定期定額。」

我們看看美股的快速糾錯能力，如下頁圖 3-2 所示，2020 年 5 月，那斯達克指數幾乎已經漲回疫情前的高點。那些好公司也遇到百年一遇的黃金坑，但很快又漲回來。

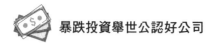

圖3-2　那斯達克綜合指數走勢

圖3-3　蘋果公司日線圖

　　像是蘋果公司（見圖 3-3）、微軟公司（見圖 3-4）的股價，在 2020 年 5 月，都已接近疫情前的高點。亞馬遜的股價（見圖 3-5）早已創新高，從疫情時的低點到 2020 年 5 月，兩個月漲幅差不多為 50%，這是標準的黃金坑。中國創業板指數（見第 120 頁圖 3-6）也接近前期高點。

　　經歷這次危機，大家可以深入思考，當時的操作是對是錯？回顧歷史，人類每次都能走出危機，並且越來越好，因此指數長期看好幾乎是 100% 的事，這也是為什麼從長遠來看，投資指數一定會賺錢的道理。

圖3-4 　微軟公司日線圖

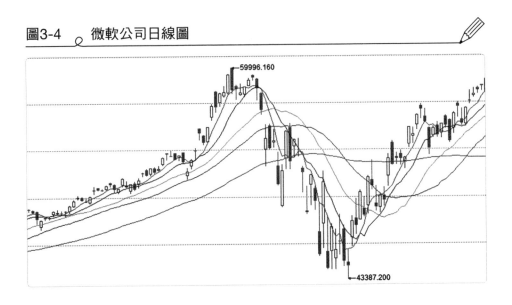

圖3-5 　亞馬遜日線圖

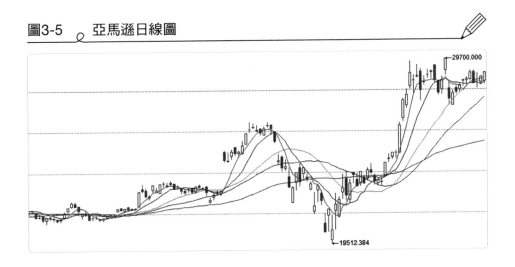

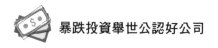

圖3-6　　中國創業板指數日線圖

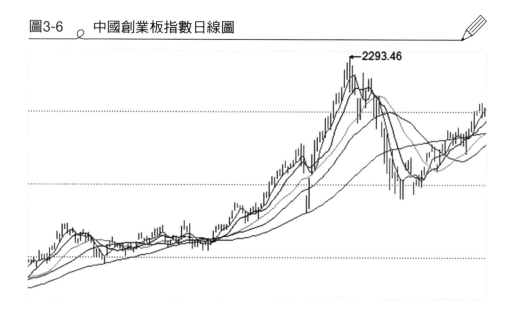

3-4

【陷阱 4】只看股價而忽略公司價值，怎麼改正思維？

在前文中，我透過幾個案例證明，價值股的每次調整其實都是買進機會，特別是對於一家優秀的公司來說，每一次的下跌都是機會，而不是陷阱。相反地，對於無法承受市場波動，又不理解公司商業模式的投機者來說，每一次的上漲都是陷阱，而不是機會。在本節中，我用相同方式，再次強調這個道理。

2021 年年初，很多價值股的調整幅度非常大，短期內下跌超過 20%，持有的人開始恐懼。本來一直想買的人，看到這些上漲兩年的價值股跌得這麼誇張，打破了他們的幻想，因為他們原本以為這些好公司不會下跌得這麼厲害，所以對價值股失去昔日的好感，更不敢想買進的事。

這就是人性，漲的時候都想追，跌的時候拚命遠離，從未理性分析和思考，被市場牽著鼻子走，最終只有被收割的命運。接下來，我舉例 4 個 2019 年漲得人人稱羨的價值股，在 2021 年年初的跌幅。

1. 海天味業

2018 年 11 月至 2021 年 1 月，上漲近 300%（見下頁圖 3-7），幾乎一路上漲。不過，海天味業在 2021 年 1 月至 3 月連續下跌，短期跌幅超過 20%（見下頁圖 3-8）。

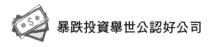
圖3-7　海天味業漲幅（2018年11月23日～2021年1月14日）

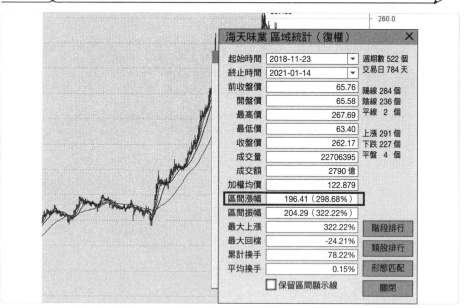

圖3-8　海天味業跌幅（2021年1月8日～2021年3月2日）

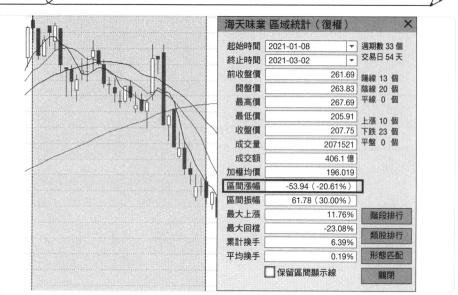

2. 愛爾眼科

2017 年 2 月至 2021 年 2 月，4 年上漲超過 1000%（見下頁圖 3-9），等於 4 年漲 10 倍，而且一路上漲。不過，2021 年 2 月 18 日後的 10 個交易日連續下跌，短期跌幅接近 25%（見下頁圖 3-10）。

3. 晨光文具

2017 年 7 月至 2021 年 1 月，3 年半上漲超過 480%（見第 125 頁圖 3-11），而且一路上漲。不過，2021 年 2 月 18 日後的 10 個交易日連續下跌（見第 125 頁圖 3-12），短期跌幅近 21%，這是晨光文具近 4 年來首次大幅下跌，但這不影響它身為一個好公司。

4. 貴州茅台

2016 年 2 月至 2021 年 2 月，5 年上漲超過 1100%（見第 126 頁圖 3-13），上漲 11 倍多。不過，2021 年 2 月 18 日後的 10 個交易日連續下跌，短期跌幅超過 17%（見第 126 頁圖 3-14）。

以上這 4 家公司下跌後還是好公司嗎？我明確告訴你：它們當然是好公司，而且與前段時間沒有任何差別。

談論這麼多檔價值股，我想對讀者說的是，好公司不會因為市場波動而變成爛公司，爛公司也不會因為股價上漲而變成好公司。次級市場的波動，只是集中反映當下這家公司的投資者情緒，不代表這家公司的經營出現問題。

我們一旦明白這個道理，情緒就不會被次級市場的波動所左右，更不會讓自己的投資決策受到影響。

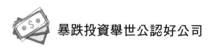

圖3-9　愛爾眼科漲幅（2017年2月10日～2021年2月10日）　

愛爾眼科 區域統計（復權）		✕
起始時間	2017-02-10 ▼	週期數 966 個
終止時間	2021-02-10 ▼	交易日 1462 天
前收盤價	112.42	陽線 527 個
開盤價	112.16	陰線 432 個
最高價	1268.09	平線 7 個
最低價	109.00	
收盤價	1252.37	上漲 496 個
成交量	141758220	下跌 464 個
成交額	5974 億	平盤 6 個
加權均價	42.142	
區間漲幅	1139.95（1014.01%）	
區間振幅	1159.09（1063.39%）	
最大上漲	1063.39%	階段排行
最大回檔	-31.75%	類股排行
累計換手	663.69%	
平均換手	0.69%	形態匹配
☐ 保留區間顯示線		關閉

圖3-10　愛爾眼科跌幅（2021年2月18日～2021年3月3日）　

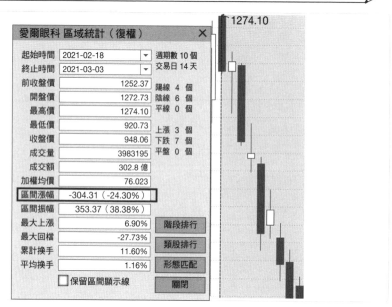

愛爾眼科 區域統計（復權）		✕
起始時間	2021-02-18 ▼	週期數 10 個
終止時間	2021-03-03 ▼	交易日 14 天
前收盤價	1252.37	陽線 4 個
開盤價	1272.73	陰線 6 個
最高價	1274.10	平線 0 個
最低價	920.73	
收盤價	948.06	上漲 3 個
成交量	3983195	下跌 7 個
成交額	302.8 億	平盤 0 個
加權均價	76.023	
區間漲幅	-304.31（-24.30%）	
區間振幅	353.37（38.38%）	
最大上漲	6.90%	階段排行
最大回檔	-27.73%	類股排行
累計換手	11.60%	
平均換手	1.16%	形態匹配
☐ 保留區間顯示線		關閉

1274.10

圖3-11 晨光文具漲幅（2017 年 7 月 31 日～ 2021 年 2 月 8 日）

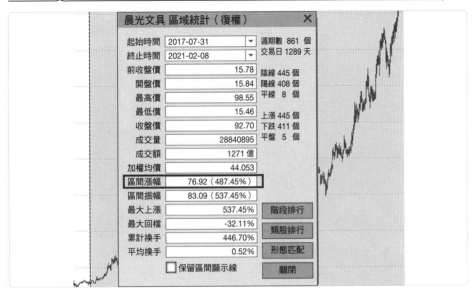

圖3-12 晨光文具跌幅（2021 年 2 月 18 日～ 2021 年 3 月 3 日）

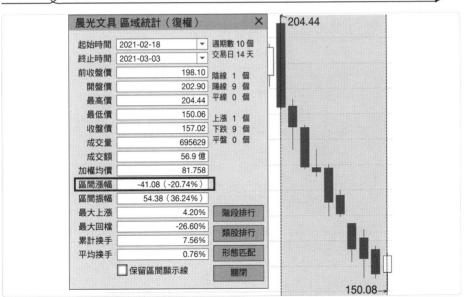

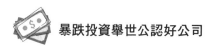

圖3-13 貴州茅台漲幅（2016年2月10日～2021年2月10日）

圖3-14 貴州茅台跌幅（2021年2月18日～2021年3月3日）

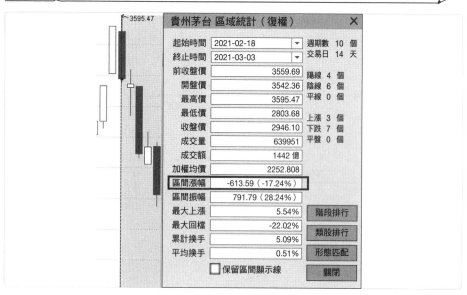

圖3-15　海天味業日線圖（2018 年 4 月～ 2019 年 9 月）

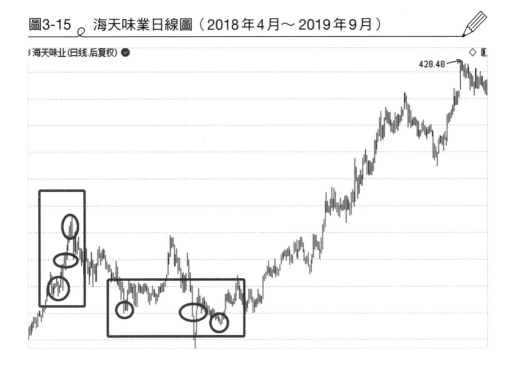

在哪個區段買進價值股最安全？

　　我在本節介紹的公司，雖然短期跌幅較大，但是不代表現在買進，明天就能賺錢。相反地，這些公司的股價一旦進入調整階段，可能會經過半年、一年甚至三年。但長期來看，下跌時建倉一定比上漲時買進賺得多。這背後的邏輯是什麼？

　　以海天味業（見圖3-15）為例，第一個框的買進點是上漲途中，第二個框的買進點是下跌途中，同樣持有到 2019 年 9 月，同期報酬率是多少？

　　假設你在第一個框的第一個圓圈位置買進，與在第二個框的三個圓圈位置買進相比，總利潤差不多，但是當股價走到第一個回檔低點時，從買進到上漲至高點所獲得的利潤，一下子就會虧損，這時大部分人很容易因為崩潰而賣出。

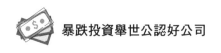
圖3-16 ╴ 海天味業漲幅（2018年6月7日～2019年9月2日）

海天味業 區域統計（復權）		
起始時間	2018-06-07	週期數 304 個
終止時間	2019-09-02	交易日 453 天
前收盤價	301.25	陰線 161 個
開盤價	306.94	陽線 141 個
最高價	428.48	平線 2 個
最低價	209.45	上漲 160 個
收盤價	423.87	下跌 142 個
成交量	11557374	平盤 2 個
成交額	942.6 億	
加權均價	81.557	
區間漲幅	122.62（40.70%）	
區間振幅	219.03（104.57%）	

即使獲得同樣的利潤，持有時間多出幾個月、甚至幾年，從資金利用率來看也是少賺。以下具體分成兩種情況來探討。

第一種情況：在2018年6月上漲途中買進，持有到2019年9月，十五個月獲得40.7%的報酬率（見圖3-16），年化報酬率27%。

第二種情況：在2018年10月下跌途中買進，同樣持有到2019年9月，十一個月獲得91.63%的報酬率（見圖3-17），年化收報酬約為110%，跟第一種情況對比，年化報酬率高出了將近4倍。

最關鍵的是，由於股價在下跌途中，風險完全釋放，所以後續下跌的時候，帳戶收益波動幅度小，即使出現極端情況也不至於讓人崩潰，持股的安全邊際大。

以上兩種情況說明，在下跌途中購買價值股更安全，獲利也更豐厚。所以，我建議大家要關注優良的價值股，特別要持續關注那些股價調整幅度超過20%的好公司。若覺得必要，可以先買進100股或1000股試倉，這會讓你穩妥地追蹤這些好公司。

圖3-17　海天味業漲幅（2018年10月31日～2019年9月2日）

海天味業 區域統計（復權）		✕
起始時間	2018-10-31 ▼	週期數 207 個
終止時間	2019-09-02 ▼	交易日 307 天
前收盤價	221.19	陰線 114 個
開盤價	225.80	陽線 92 個
最高價	428.48	平線 1 個
最低價	222.45	上漲 114 個
收盤價	423.87	下跌 92 個
成交量	7517141	平盤 1 個
成交額	651.2 億	
加權均價	86.635	
區間漲幅	202.68（91.63%）	
區間振幅	206.03（92.62%）	

　　如果這些價值股的股價跌幅超過50%，就應該果斷加大買進力度，然後穩穩持有，不要賣出，除非你有更好、更確定的投資標的。

十 點 來 解 答

吾股豐登：

　　這些價值股都是好公司，任何下跌都是好機會，但是我沒錢買進。

十點：

　　那就努力工作賺錢，不要在股市荒廢光陰。

>>>

霍明：

我最困惑的是，老師一邊說持股不動，一邊說整理幾個月。不能先止損，等整理好了再買進嗎？

十點：

持股不動是指對於前期布局的低估價值股，要持有不動。漲翻天的價值股若是 3 年前買進的，這點跌幅算什麼？好公司就應該繼續長期持有。

>>>

Wxb：

十點老師，您好！我心中的困惑是，隨著定期定額時間的推移，投入的本金累積得越來越多，未來肯定會遇到大盤泥沙俱下、階段性大跌 30% 以上，甚至腰斬，到時候該如何應對？

十點：

果斷加倍定期定額。

>>>

楊雙狗 sw：

雖然投資只須做好 3 步：選公司（品質）、估值、買進持有（時機），但第一步非常困難，選行業、選公司就難倒很多人。看好某個企業後，還得學會估值，耐心等待買進機會，這一等或許就是幾年。買進後還得接受市場波動與調整，可能面臨深套，才能等待盈利。如果買進前沒有閒置資金，這一切也是徒勞。

難怪十點老師認為，90% 的人只適合定期定額投資指數基金，竭力呼籲散戶購買指數基金。

3-5

【陷阱 5】牛市長紅就心癢想追漲，如何抵擋誘惑？

在牛市買股票為什麼會虧錢？先來看 2006 年至 2007 年大牛市的走勢（見圖 3-18）。

80% 以上的散戶，都是在 2007 年上半年和下半年兩波賺錢效應傳播下，

圖3-18　2006 ～ 2007 年大牛市走勢圖

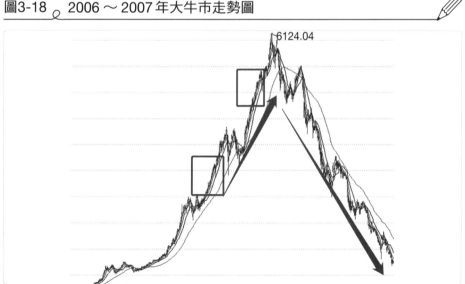

被誘惑到股市。2006年的這波漲幅剛走出2001年大牛市的2245點高點。大盤向上突破2245點是2006年的12月，所以大部分散戶是帶著懷疑的眼光看著股市從998點漲到2245點的，然後忍不住進場。剛開始真的賺錢了，而且一天漲2%、3%。

如果你投入10萬元在股市，一天就能賺一般工人的月薪（2,000元～3,000元）？錢賺得這麼快，哪還有心思上班？記得當時我投入50萬元，一天賺1萬元至2萬元，讓我甚至有想把工作辭掉的衝動，全身心去經營股票，因為上班時間沒法看盤，感覺會少賺很多錢。

其實這是一種錯覺，就像因為疫情的緣故，大家宅在家裡天天看盤，交易得更頻繁，反而錢虧得更多。

時時刻刻盯盤對投資交易股票百害而無一利，因為人性的弱點非常明顯，面對股價的隨時波動，交易衝動也會隨之而來，所以不看盤是避免頻繁交易的最好辦法。何況想要在牛市裡賺得最滿最多，就是讓泡沫帶著你的帳戶起飛。

如果在2007年下半年進場，那麼沒幾個月，股市突然下跌，你根本不相信牛市就這樣結束了。2007年10月16日，上證指數創出6124點的新高後，市場就開始下跌，到2020年年初，上證指數也才2800點。即使是2015年的大牛市，上證指數也沒能再達到6000點以上。

當時經歷近兩年的牛市後，大家完全不會相信市場已經步入熊市。我記得在2007年春節，有一個同學跟我說，市場已經是熊市，我打從心底不信他的話，因為很多人都在鼓吹中國股市會登上1萬點。回頭看看，你會知道誰是對的，所以芒叔曾說：「看新聞不如看舊聞。」大家可以找出2006年、2007年的舊聞看看，會深受啟發。

如果你選擇在2008年大熊市裡買股票，那麼2009年可以賺得盆滿缽滿，即使2009年不賣出股票，後期也最多跌到成本價附近，虧錢的機率極低。如果選擇分批定期定額買進價值股，只要公司基本面沒有大變化，就只是賺多賺少的問題。如果選擇在2007年買進股票，就很可能被套到2008年賣出離場。

投資者一開始買進時，市場或許會讓你嘗點甜頭，這會誘惑你加大投

入力度，從此進入萬劫不復的境地，最終因為嚴重虧損，喪失對股市的信心，讓你一生遠離財富的加速器，這比虧錢更可怕。

十 點 來 解 答

渙群：

經過多次的教訓，前天又進場了。我發現多數的貪婪和恐懼其實都是每天盯盤導致的，不如不去看。本來我們也無法控制走勢，看與不看沒有多大意義，只會徒增煩惱。追求本來就該發生的事，比追求應該發生的事要順利得多。

十點：

你的理解非常正確，堅持這個方向，只要你是在股價便宜時買進，剩下的事情就交給時間。

3-6

【陷阱6】誤解價值投資不必忍受市場波動，其實……

本節我將詳細回答一個粉絲的留言，因為這個粉絲的想法相當常見，同時也是致命的誤區。

粉絲留言的原文如下。

> 十點老師，我持有一檔價值股一個多月了，本來獲利快1萬元，報酬率有50%以上，現在報酬率只有20%多，快回到成本價了，心裡很後悔，總想著「要是之前高點賣掉，現在再買回來該有多好啊」，感覺像坐雲霄飛車。如果跌回成本價或由盈轉虧，就真的不想持有這檔股票了，看來做價值投資很考驗一個人的定力啊！

首先，他嚐到長期持股的甜頭，覺得價值投資很棒。其次，他誤解一個現實：價值投資也要忍受市場波動。

並非做價值投資就會平穩賺錢。價值投資的核心是：**長期**的確定性。舉例來說，買進指數基金後，不會像銀行存款，每年固定產生利息，而是與股市一樣要經歷波動。所以，短線思維的人買進後很可能會在虧錢時賣出。但是，將時間拉長到10年，買進指數基金幾乎會賺錢，虧損的機率極低。由於社會經濟發展，社會整體財富肯定會越來越多，因此指數也會上

漲。

　　道瓊工業指數在過去的 100 年上漲 300 倍，巴菲特說，道瓊工業指數 100 年後會達到 100 萬點，這是幾乎可以肯定的事情。

　　買股票就不一定，因為一家公司可能過幾年就倒閉了。我們要買價值股，但要注意價值股也會跌，所以選擇買賣點很重要。不過，這方面只能由自己把握。

　　如果買進真正的價值股，即使買點不好，長期來看只是何時漲回來的問題，不會有永久性的虧損。有時候，買進一檔價值股後，股價下跌反而是好事，因為能持續以更低的成本買進。

　　所以建議大家，如果把握不好買點，最保險的方法是分批買。因為沒有人能預知未來，靠預測做投資遲早會翻船。

✚ 長期持有，安心等待

　　一般人買進價值股後，最好的辦法是長期持有，不用理會這中間的波動，最短也要以年為單位進行績效評估。像是本節開頭提及粉絲，他在 2019 年買進一檔價值股後，有 50% 的收益，雖然股價下跌，但還是有 20%。如果他把年化報酬率預期放低，就不會有這種焦慮。

　　要知道，只有股神能長期獲得 20% 年化報酬率，而且市場波動產生的收入，根本不能算作自己的收入，因為長期來看，短線買進賣出肯定沒有長期持有賺得多。

　　認清現實，賺真正屬於自己的錢，放低預期，踏實投資，忽略波動，至少以年為單位去看目標報酬。

　　如果要做價值投資波段，方法是在長期總持股不變的前提下，用額外的資金，順勢做到低估加倉、高估減倉。預測股價獲得超額收益，是不可能完成的任務。

　　這個方法是建立在價值股長期上漲的前提下，市場必然會波動，當下跌低估時，我額外買一點，當上漲高估時，我再賣掉額外買的部分。絕不動長期總持股，萬一買錯，大不了長期持有的股數增加，不會有額外的損

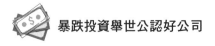

失。

　　最後請記住，企圖抓住市場每個波段的想法，結果總是竹籃打水一場空，不要做這種不切實際的事情。認真踏實工作，長期投資價值股，放低預期，賺該賺的錢，人自然會變得更加快樂。

十點來解答

雲開霧散：

　　中國平安是價值股中的好股，可是很難長期持有，因為它很不容易漲，短期幾乎都不漲，我看到別的股漲很難受。

十點：

　　近 10 年上漲將近 6 倍，你還覺得沒漲？那是因為你期望太高了，你舉出的所謂天天漲停的小型股，最後真正能讓投資者拿到多少獲利？

>>

玉如意：

　　老師您好，我想請問，定期定額投資基金也能用您說的方法嗎？也就是底倉不動，額外一部分資金做波段。

十點：

　　ETF 也可以，但如果波動利潤抵不上手續費，意義不大。

3-7

【陷阱 7】誤會長期高配息能跑贏指數，怎麼操作才對？

在第二章中，我曾說可以買進長年、穩定、高配息的公司，但是不能進入一個誤區，所以在本節我要特別強調說明，如果長期投資這種公司，那麼收益將無法跑贏滬深 300 指數或中證 500 指數。

我建議大家不只是長期投資，並且在價值股被嚴重低估時進場買進，既可以拿高配息，又可以耐心等待股價回歸價值後，獲取波動部分的報酬。這部分的報酬加起來，不僅能超過指數，而且不需要冒很高的風險。

接下來，以工商銀行為例來說明。工商銀行從 2006 年上市到 2020 年，復權後的總漲幅是 137.35%（見下頁圖 3-19），14 年的年化報酬率為 6.3%，略高於理財報酬，但是遠低於大部分廣基型指數基金。

我們再看滬深 300 指數。滬深 300 指數從 2005 年到 2020 年，復權後累計上漲 392.18%（見下頁圖 3-20），15 年的年化報酬率為 11.21%，而且實際上增強類滬深 300 指數基金有更高的報酬率。就算 11.21% 的年化報酬率，也大幅超越長期持有工商銀行的報酬率。

中證 500 指數從 2007 年到 2020 年，復權後累計上漲 234.63%（見第 139 頁圖 3-21），13 年的年化報酬率為 9.72%，而且實際上中證 500 指數基金還有更高的報酬率。就算 9.72% 的年化報酬率，也超越長期持有工商銀行的報酬率。

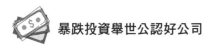
圖3-19 工商銀行漲幅（2006年12月29日～2020年11月12日）

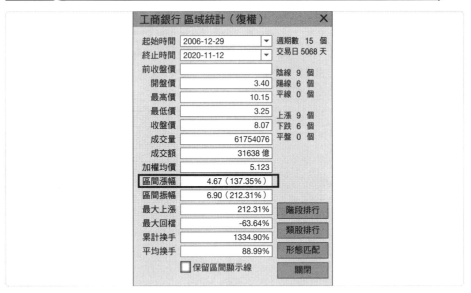

圖3-20 滬深300指數漲幅（2005年12月30日～2020年11月12日）

圖3-21　中證500指數漲幅（2007年12月28日～2020年11月12日）

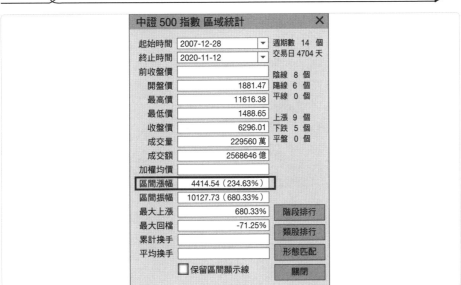

　　創業板指數的 10 年年化報酬率為 10.56％，同樣超過長期投資工商銀行年化報酬率的 6.3％。所以，你還要勞心費神地看盤嗎？

　　這些例子再次證明，大家不用糾結，投資廣基型指數基金即可。長期來看，這些指數基金的年化報酬率沒有很大的差異，只要是廣基型指數，都有 10％左右的年化報酬率，而且比較穩定。

利用股價淨值比，賺波動和配息報酬

　　那麼，在第二章中，為什麼我說，可以投資工商銀行這類的高配息公司呢？

　　這個投資原則是：在低估時買進，在合理估值時賣出。這樣可以獲得低估值波動報酬和高配息報酬，兩者疊加有很高的機率能超越同期指數基金的報酬，而且比較穩。舉例來說，在工商銀行的股價上漲時，做長期投資，

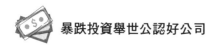

圖3-22 　工商銀行股價走勢（2011～2020年）

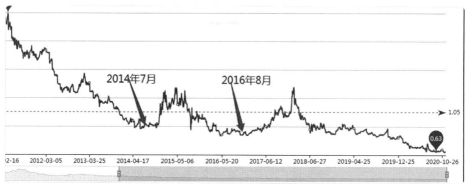

年化報酬率是 6.3%，但如果在歷史低估時進場買進，報酬率就完全不是這個水準（見圖 3-22）。

回顧工商銀行在 2011 年至 2020 年的走勢，可以發現有兩次低估買進的機會：第一次是 2014 年 7 月，工商銀行的股價淨值比跌到 1 以下，這是股價第一次跌破每股淨資產，市場第一次嚴重低估。

如果當時買進，持有到 2015 年，在股價淨值比上升到歷史平均水準 1.5 左右，估值趨於合理時清倉出局，可以獲得多少報酬？配息加上股價波動，總計能獲得 42% 左右的報酬率（見圖 3-23），而時間只有五個月。

第二次機會時，保守地在股價淨值比跌到 0.9 時（約在 2016 年的 1 月）買進，然後在股價淨值比回到 1 左右時（約 2017 年 8 月）賣出，經歷一年半，總報酬率可達 40.36%（見圖 3-24），年化報酬率大約 25%，遠超過指數基金的目標報酬。

所以，利用股價淨值比的估值方法，購買長期穩定經營的一般企業，賺市場波動和高配息的錢，也能跑贏指數基金。

為什麼要買進穩定高配息的股票？主要原因是市場低估這些高配息的公司後，你根本無法預知它們什麼時候上漲。但如果你買進的價格足夠低，現金配息又很高，就能進退自如。

圖3-23　工商銀行漲幅（2014年7月2日～2015年1月16日）

工商銀行 區域統計（復權）	✕
起始時間　2014-07-02　▼	週期數 135 個
終止時間　2015-01-16　▼	交易日 199 天
前收盤價　4.34	陰線 68 個
開盤價　4.34	陽線 44 個
最高價　6.39	平線 23 個
最低價　4.33	上漲 66 個
收盤價　6.17	下跌 51 個
成交量　354694080	平盤 18 個
成交額　1537 億	
加權均價　4.332	
區間漲幅　1.83（42.17%）	
區間振幅　2.06（47.58%）	
最大上漲　47.58%	階段排行
最大回檔　-12.33%	類股排行
累計換手　13.37%	
平均換手　0.10%	形態匹配
☐ 保留區間顯示線	關閉

圖3-24　工商銀行漲幅（2016年1月14日～2017年8月30日）

工商銀行 區域統計（復權）	✕
起始時間　2016-01-14　▼	週期數 398 個
終止時間　2017-08-30　▼	交易日 595 天
前收盤價　5.55	陰線 223 個
開盤價　5.51	陽線 105 個
最高價　8.01	平線 70 個
最低價　5.13	上漲 197 個
收盤價　7.79	下跌 141 個
成交量　418015600	平盤 60 個
成交額　1970 億	
加權均價　4.712	
區間漲幅　2.24（40.36%）	
區間振幅　2.88（56.14%）	
最大上漲　56.14%	階段排行
最大回檔　-7.73%	類股排行
累計換手　15.50%	
平均換手　0.04%	形態匹配
☐ 保留區間顯示線	關閉

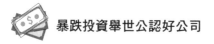

十｜點｜來｜解｜答

詩情畫意：

　　老師您好，我已逐步減少短線炒作的股票，開始買進基金，包括追蹤滬深 300、上證 50、創業板等指數的近 10 檔基金，基本上是定期定額，雖然量買的不多，但比較雜。請問老師，持有多少檔基金比較合適？

十點：

　　一檔。

3-8

【陷阱8】以為靠消息和關係會賺翻，但終究虧更大

如果靠消息和關係炒股，不會抓大放小，看到某條消息就賣出一檔牛股，永遠賺不到錢。為什麼這麼說？

常常有人因為一條不好的消息，而賣出好公司的股票，最後往往後悔莫及。舉例來說，有人聽說某家公司裡有一些人事紛爭、內部派系爭鬥的問題，就拋售該公司的股票，結果股價持續上漲。

曾經有人手握許多貴州茅台股票，因為聽到該公司前董事長被政府單位約談調查的消息，而賣出股票，後來貴州茅台的股價竟然節節攀高。

真正的好公司不會因為一個人的去留而改變，相反地，因為一個人的去留而改變基本面的公司，絕對不是好公司，百年企業史已充分證明這一點。大家可以閱讀《基業長青》，將瞭解得更加透徹。

此外，假設你擁有某家公司的股票，如果有消息指稱，該公司重要高階主管正在減持，你會賣出股票嗎？

海康威視有個早期投資的大股東，賺了很多錢，因為個人財務規劃而不斷減持，結果股價越來越高。

有個典型案例是微軟的比爾蓋茲。他早期持股占比 60%，之後持續減持，現在持股比例不到 5%。但是，微軟的市值從幾十億美元漲到 2021 年的將近 2 萬億美元，假如比爾蓋茲沒有減持，將擁有超過 1 萬億美元的財

富。不過，他減持並非不看好微軟，而是為了捐款給比爾及梅琳達·蓋茲基金會（Bill & Melinda Gates Foundation）。對他來說，錢增值多少不是首要選擇，做慈善才是真正關心的事。

所以，每個人減持股票的原因不盡相同，我們不能根據這種消息做投資，否則會受到太多誤導。

✚ 最安定的消息來源是自己

消息太多不見得是好事。有的人人脈很廣，聽朋友講各式各樣的消息，各個講得有聲有色，似乎都很值得信任，結果也是栽在這堆消息裡。基金經理但斌曾在著作《時間的玫瑰》中，說過一個故事。

有一位郭大哥是財力雄厚的商人，1992 年曾拿出 50 萬元請但斌操作股票，不過郭大哥人脈廣，認識許多上市公司的高階主管，後來還是決定親自操作。結果 15 年賺不到錢，2007 年回頭請但斌幫忙。如果郭大哥不被周遭的消息影響，而是透過正道買進好公司的股票，長期持有 15 年，那麼 50萬元投資所得的報酬恐怕就是天文數字了。

巴菲特曾說：「即使美國聯準會（Fed）主席親口告訴我未來的貨幣政策，也不會影響我買賣股票的決策。」顯而易見，買賣股票的決策是基於自己對一家公司的認知，而不是基於某個消息。雖然股市無法避免存在內線交易，但真正從市場賺大錢的主流資金，都是買進好公司並長期持有。

在資本市場，散戶的小資金可以進出自如，其實是很大的優勢。在大資金的建倉期，一檔股票至少上漲百分之幾十，而減倉期又再跌百分之幾十，中間這一段肯定比小資金賺得少。

如果一般人的投資觀念能轉變，股市會是少數不須透過關係就能賺錢的地方。只要堅持長期定期定額投資指數基金，就能穩定獲利，剩下的任務就是努力工作，賺更多的現金，買更多的指數基金。若干年後，自然可以得到豐厚回報，幾乎不會有意外，更不可能虧錢。

但是，如果不轉變觀念，天天想著透過小道消息、財經新聞，找到能快速發財的牛股，期望暴富的奇蹟降臨，那麼將庸庸碌碌一輩子。

　　上市公司的高階主管未必有操作自家公司股票的優勢，因為他們離得太近、看不清，甚至放大某些缺點，反而無法長期持有自家股票，所以普通散戶買賣股票未必比他們差。

　　投資股票不必完全瞭解一家公司的全部細節，一方面很難完全瞭解，另一方面，瞭解細節後，反而會被誤導。我們要抓大放小，不要用放大鏡看一家公司，因為只要是人經營的公司，放大看都會發現不少問題。

　　就像看一個人，只要他的本質不壞，一些諸如衛生習慣不佳的小毛病，並不影響他是好人的事實。看一家上市公司也一樣，只要這家公司不犯原則性錯誤，例如：財報造假、違法賺錢，其他小問題都不算大事。

　　子虛烏有的小道消息就更不值得一提，不應該是買賣股票的依據。不要靠內線消息買賣股票，因為這樣做的結局只有兩個：虧錢或是坐牢。

　　踏踏實實，好好學習，多看好書，提升自己的知識深度，然後抓大放小，對未來充滿信心，不要悲觀，如此一來，你將一生平安，財富也會圍著你「賺」。

十 點 來 解 答

衣跡：

　　如何判斷上市公司的管理階層好壞？這是巴菲特的重要參考指標，但是看對人是很難的，特別是人品。十點老師和芒叔都會把人作為選股的參考指標嗎？

十點：

　　這是必須的，我們兩人都十分認同這個評判好公司的標準：創辦人和高層管理團隊都具有高尚的品格。

- ▶ 不想在股市中屢戰屢敗，你必須具備 3 個觀點
- ▶ 每個人的虧損承受度不同，交易得牢記 4 項原則
- ▶ 擁有「人棄我取」的逆向思考，便能成為常勝軍
- ▶ 價值股 vs. 指數基金，只做確定性高的投資
- ▶ 不要依賴預測和擇時，用 2 個方法判斷相對高低位
- ▶ 比爾蓋茲和巴菲特都認同，專注比能力更重要
- ▶ 從 10 年後的角度看現在，才能找到今天的牛股
- ▶ 什麼技巧都不會又怕踩雷，採取傻瓜式價值投資法
- ▶ 以模糊的準確，計算公司的估值和未來利潤

第 **4** 章

實戰高手傳授，
10年賺10倍的
交易心法與技巧

4-1
不想在股市中屢戰屢敗，
你必須具備3個觀點

本節開頭，我先分享一位粉絲的留言，值得每個人深思。

> 投資時，不要被各式各樣的消息左右，按照自己的理解和策略堅定執行，長期來看必然輸少贏多。同時，放低自己的預期獲利，這很關鍵。

這段話中有三個非常重要的觀點，說明這位粉絲領悟價值投資的真諦，並且能清晰表達自己的理解和感悟。以下借他的話再延伸，如果每個人都能體會這三個觀點，一輩子賺錢無憂。

第一個觀點：投資時不要被各式各樣的消息左右。有沒有發現，你買進一檔股票後，很容易被各種消息環繞，還幾乎都是壞消息。為什麼會這樣？

這其實是認知上的偏誤，因為你買股票前，不會關注與它有關的消息。一旦你買進股票，就會收到各種消息，尤其在大數據時代，各種軟體會根據你的關注推播相關消息。

在這些消息裡，如果壞消息居多，會導致你認為這家公司不好，其實只是你買進這檔股票後，大數據提供關於它的一切消息。而且，你主觀上會更關心與它相關的壞消息，因為怕虧錢的心理在作祟。

我們對待買進的股票，要有一顆寬容的心。因為經營公司（尤其上市公司）非常不容易，每天會發生很多無法預期的事，所以要允許管理階層犯錯。只要沒有像是財報造假這種原則性錯誤，都可以諒解，然後看公司整體的績效，不用在意細節。

即使你是公司 100% 股權的持有者，也要大度地允許管理階層犯錯，他們才能大膽創新、放手工作，否則他們做事綁手綁腳、失去熱情，最後公司也會倒閉。

第二個觀點：按照自己的理解和策略堅定執行，長期來看必然輸少贏多。如果有清晰的理解，遇到大跌只要堅定執行原有的策略即可。

舉例來說，你理解貴州茅台的商業模式，知道飲酒文化不會改變，茅台的品牌形象不會從消費者心中消失，就不會因為一些行業調整而不看好貴州茅台。相反地，你會在它因為突發事件而股價大幅下跌時，堅定持續買進。只要有這樣的執行力，長期下來，贏的機率遠大於輸的機率，賺錢便是自然而然的事。

第三個觀點：在資本市場要放低自己的預期獲利，這很關鍵。這位粉絲用「很關鍵」強調，我也可以掛保證，這一點真的很關鍵，如果無法理解這一點，前面兩點都是白費工夫。

芒叔經常強調：「放低預期是投資的必要心態。」他經常把最壞的結局告訴大家，即使前 10 年一直做得不錯，也不要拿歷史績效去預測未來。相反地，他會強調不可能持續做到一樣好。巴菲特也說過同樣的話。

這些堅定的價值投資者都表達同樣觀點，就是放低預期、面對現實、時刻保持風險意識。當你放低預期，才會踏實地賺取市場裡屬於你的、確定性高的錢。動不動就想翻幾十倍，不屑於每年賺 10%，甚至幻想每天賺 10%，這是不切實際、擾亂心智的空想。看到自己不但沒賺錢，炒股 10 年還虧錢，能不焦慮嗎？

對多數人來說，要放低心態到什麼程度？答案是：零獲利。不用賺錢，但是絕不能虧錢。我一再反覆強調，首先要學會如何在股市中不虧錢。如果你花了 10 年、20 年還沒解決這個問題，建議你放棄投資股票，不管你之前虧多少，繼續下去只會越虧越多。

"　現在放棄，改變思路，拿出三分之一的錢，一次性買進指數基金，如果大盤繼續下跌，再用三分之一的錢買進，直到買完。接下來，拿出每月收入的一部分定期買進，直到牛市來臨，停止定期定額，開始分批賣出。"

　　把上面這段話讀三遍，心裡再想三遍，就能解決投資虧錢的問題。做到零獲利的預期，剩下的都是驚喜。

4-2

每個人的虧損承受度不同，交易得牢記 4 項原則

很多人都是偷偷摸摸在炒股，怕主管、同事、家人知道，真是不容易。有的人甚至怕別人取笑自己。我認為不能有這種想法，當你在乎身邊人的看法時，說白了就是心虛。

人正不怕影子斜，只要你做對的事，根本不怕別人說三道四，如果整天活在別人的評論中，不僅生活痛苦，而且一事無成。所以，要先確定做的事是對是錯。炒股本身是正確的事，如果你認為這是錯誤的事，就不應該去做，而不是怕別人取笑就偷偷地做。

做事有個最基本的原則：做正確的事，把事情做正確。炒股是為了獲得投資報酬，這肯定是好事。但是，你要用對的方式去做，如果依靠短線投機，看小道消息，用融資、貸款買股票，那麼我明確地告訴你，這些都是錯誤的行為。

不要用錯誤的方法做正確的事，應該把正確的事做得更準確。

價值投資是正確的股票投資方法，代表用自己的閒錢長期投資一家值得的公司，獲得長期報酬，同時還能利用業餘時間學習。如果在工作時間盯盤，拿著薪水做私事，大盤一跌還影響個人情緒，這是違反職業道德。不僅如此，回家後時刻想著股票，熬夜復盤，看網路上各種消息，企圖一夜暴富，而且為了股票不管家務，虧掉家裡的錢，影響家庭關係，這都是

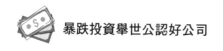

錯誤的行為。

只要用正確的行為（不融資、不投機、用閒錢），做正確的事（以價值投資的方式做股票），根本不用在乎別人說什麼。

長期堅持很容易就能成績斐然，即使別人暫時不理解，最終也會得到所有人的認可。更何況別人認不認可沒那麼重要，自己把生活過好才是根本。

我們總是覺得別人盯著自己，其實沒那麼多人關心我們的行為，就像我們沒那麼關心同事、同學過得好不好。即使我有幾十萬粉絲，我從來不覺得有人盯著自己。

✚ 用正確的方式炒股

頂著虧損的壓力偷偷摸摸炒股，在家還得強顏歡笑，結果炒股多年還是虧錢，無論怎麼學習，看再多網路文章都沒用，到底怎麼做才能避免一虧再虧？

只要與巴菲特、蒙格一樣，先排除幾個不能做的事情，離正確的事就不遠了。蒙格說過：「如果我知道我最終會死在哪，那麼我一輩子都不會去這個地方。」《反脆弱》的作者塔雷伯也有同樣的觀點：「要避免一些犯大錯的行為。」

蒙格曾經在一個大學畢業典禮的演講中，分享讓自己成為失敗者的「秘訣」，他羅列幾項，例如：說謊、吸毒、酗酒、嫉妒等。他說只要做到以上幾項，保證過著痛苦的一生。

在投資領域也一樣，如果想繼續過痛苦、甚至無臉見人的炒股生活，就繼續做現在的短線投機、追熱點、聽消息，企圖暴富。

如果想要變好，應該避免哪些事情，來改變現在的投資生活？希望你時刻提醒自己以下四項原則。

1. 不要聽任何人推薦股票。如果你沒有任何相關知識，買股票是聽別人推薦，那麼股價一波動，又得問別人一連串問題，而推薦股票的人不一

定懂。有時人家隨便一說，你卻把他當專家，結果你在惆悵中買進，在痛苦中交易，最後必然虧錢。

即使這個人很厲害，推薦你三檔股票，其中有兩檔賺錢、一檔虧錢，最後還是有可能倒虧。沒有人能靠買賣別人推薦的股票賺錢，而且每個人的虧損承受度不一樣，別人推薦的股票也許放 3～5 年能賺錢，但是你買進後，虧 10% 就受不了，而停損賣出，結果還是虧錢出局。所以，靠別人的推薦選股票不會有好下場。

只有你對一家公司足夠瞭解，並靠自己的理解買進股票，才能一直堅定立場，不被市場左右，才等得到柳暗花明又一村的時候。這也是為什麼我永遠不會推薦股票，因為這個行為絕對害人。

2. 不要做短線交易。首先，短線交易極其耗時間及精力。其次，成功的機率相當低。有統計數據證明，每一千個短線交易者，賺錢的人大概只有 2、3 個，其中只有一個人的獲利會超越理財收益，而超越理財收益的這個人需要在 5～10 年中，每天付出 10 小時以上的交易和復盤時間，再加上有天生的盤感。

如果追求成功機率低於千分之一的短線交易，很可能一輩子一事無成。你可能沒有盤感，而且把同樣的時間和精力花在別的地方，成就一定比現在大。有人統計過，只要將投資週期改以年為單位，績效將超越 90% 的散戶。大家可以用模擬帳戶買一檔長期看好的股票，放一年測試是虧還賺，比炒短線的績效更高還是更低。

3. 不要做槓桿交易。這點特別重要，我身邊有兩個活生生的案例，投資者因為槓桿交易爆倉而輕生的案例也比比皆是。為什麼槓桿那麼恐怖？槓桿就像毒品，用好了有癮，用不好投胎。

舉例來說，你用 10 萬元炒股，虧損 60% 還有 4 萬元本金。如果買的是價值股，還有漲回來的可能。但假設加 10 萬元槓桿資金，炒股的總金額為 20 萬元。如果市場向下波動 50%，你就會虧損 10 萬元，而借錢的人不會讓自己再虧下去，所以強制平倉，你必須賣出持股，讓他收回借給你的 10 萬元，於是你的本金就永久損失，血本無歸。

碰到市場波動大、股票出現連續跌停的情況，你可能一下子虧 70%，

總虧損達到 14 萬元，借來的錢也虧掉 4 萬元。如此一來，不僅血本無歸，還欠別人 4 萬元，因為融資炒股屬於借貸關係，仍然要還。本來炒股是為了改善生活，但最後的結局卻是欠債。

4. 不要用緊急預備金投資。使用閒錢投資，心態才會好。如果以急用錢投資，你無法預知市場何時會漲，每天心情隨著股市波動，還可能為了拿回這筆錢，而讓虧損無法挽回，於是痛苦不堪。

只要做到以上四項原則，在投資的路上就不會遇到大問題。選擇做力所能及的事，像是若現在還沒有選股能力，就老實以定期定額方式投資指數基金。認清自己的能力比什麼都重要，不要認為自己瞭解所有公司，即使股神巴菲特也知道自己能力有限，所以一生只鑽研幾家公司。

芒叔每天看 20 萬字的資料，但只研究兩、三個產業。巴菲特堅決不做自己不瞭解、不明白的事情，誰勸都沒用。即使他最好的朋友比爾蓋茲希望他買微軟的股票，他都沒有買，因為他認為自己不瞭解科技公司，他很清楚自己的能力圈。這也是巴菲特在 2000 年科技股泡沫破裂時，毫髮無傷的最主要原因。

在股市，每天都有賺錢機會，只要做到不虧錢，剩下的幾乎都是賺錢機會。我經常說，股市漲漲跌跌，能保住本金已經很難得，如果想著抓住每一波行情，十幾年過去仍是虧錢，還不如什麼機會都不抓，起碼不會虧錢。如果幾年抓一次機會，還可以賺很多。舉例來說，選擇在熊市時買進指數基金或價值股，然後什麼也不做，等到牛市或行情起來一點時賣掉，起碼還會賺錢。

因此，要化繁為簡，以年為單位，堅持價值投資。把股票當作債券，3 年為一期，到期再取，會有很大的驚喜。然後，把時間和精力花在本業和家庭，與家人一起享受美好人生。

過幾年你會發現，投資賺錢，家庭和睦，一切都順利。每天大盤的漲跌再也不會影響你的心情，工作也會越來越有成就。

十點來解答

玉如意：

　　有些朋友問：「如果從 2015 年開始定期定額投資基金會怎樣？」我來現身說法。我炒股快 20 年，一直虧損，後來我從 2007 年股市六千多點時，開始定期定額投資滬深 300 指數基金，最高 1.45 元，最低 0.42 元，每月定期定額 1,000 元。2017 年，因為要買房才贖回，淨賺 8 萬多元。請大家算算，我虧嗎？

十點：

　　很好的現身說法，如果你多投一點，10 年後就能實現被動收入超越主動收入。

4-3

擁有「人棄我取」的逆向思考，便能成為常勝軍

根據券商的股民大數據，2020 年約有 65% 的散戶虧錢。我統計粉絲同年的獲利情況，其中 25% 的人虧損，13% 的人獲利不如銀行理財產品，而報酬率真正超過 5% 的只占 63%。不過，與全國散戶賺錢的比例相比，高出 40 個百分點，整體成績還不錯。

虧損的人若在 2020 年年初全部定期定額投資指數基金，當年都可以步入獲利行列。不過，總是要透過走彎路，才會明確自己的正路，否則總是不死心，想著要玩股票。股票獲利沒有超過指數基金的人也要反思，如果碰到股市震盪，你買基金賺的錢肯定抵消不掉股票虧的錢。

市場現在很熱鬧，有些漲翻天的公司千萬不要去碰。市場從來沒有只漲不跌的公司，在股市要長存，就要做到「人棄我取」，賺錢的總是擁有逆向思維的少數人。

舉例來說，熱門類股再漲 50%，之後可能跌 50%（並非不可能，去年漲 100% 以上，今年再漲 50% 後跌 50% 是正常的），假如投入 10 萬元，經過一輪漲跌後，變成 7.5 萬元，累計虧損 25%。如果選擇冷門類股，特別是估值很低的類股（向下空間最多 10%），即使市場不漲，也頂多虧 10%，10 萬元本金至少還剩 9 萬元。

假如有幸漲 20%，再跌 10%，最後剩下 10.8 萬元，至少還有獲利。如

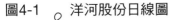
圖4-1　洋河股份日線圖

果市場開始反彈，資金發現熱門類股不會上漲，開始關注低估的好公司，現在的熱門就變成人人嫌棄的公司。歷史上的案例都是如此發展。

　　2018 年至 2020 年 3 月，洋河股份從 150 元跌到 80 元（見圖 4-1），跌幅近 50％。那時候，我說洋河股份是便宜版的貴州茅台，因為它的管理和績效都很好，現在被市場嚴重低估並拋棄，但它的價值遲早會被發現，所以要越跌越買。當時很多人都在追其他消息，每天辛辛苦苦看財經新聞、社群媒體，哪個熱門就追哪個，哪個漲得多就追哪個，相信別人的發財機會，結果一敗塗地、甚至虧錢。

　　市場還是聰明的。2020 年 3 月 19 日，被市場拋棄的洋河股份迎來歷史性的底部，創下 80.34 元的最低價，之後持續漲到 2021 年 1 月，漲幅近 3 倍（見下頁圖 4-2）。當時，我在文章中明確指出估值情況，15 倍本益比的好白酒公司只在 2011 年出現過，2020 年 3 月又出現了。

✛ 只買 10 年後依舊賺錢的公司

　　巴菲特曾說：「100 年來，華爾街沒有新鮮事，歷史總是驚人地相似，只要人性的弱點還在，股市中同樣的事情會不斷地重演。」2010 年醫藥股非常熱門，而銀行股被市場拋棄。2011 年，銀行股跌 5％，醫藥股跌 30％。2012 年，銀行股漲 13％，醫藥股漲 6％。當時，芒叔買進招商銀行，

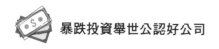

圖4-2　洋河股份走勢

2020年3月19日

251.00

80.34

卻幾年不漲。然而芒叔堅持住，沒有隨波逐流，才有後來的穩定獲利。

相較之下，很多散戶追來追去，看似抓住發財機會，但是沒有一個賺錢機會屬於他們，股票炒來炒去還是虧錢。按照上面的數據計算，假如2010年同樣投入10萬元，兩年後的結果如下。

醫藥股：總資產＝10萬×（1–30％）×（1+6％）＝7.42萬
銀行股：總資產＝10萬×（1–5％）×（1+13％）＝10.735萬

買進人人拋棄的銀行股，獲利遠超過醫藥股。而且，一個賺錢，一個虧錢，這就是天壤之別。

2013年前八個月，創業板指數大漲近70％，而滬深300指數下跌8％（見圖4-3）。但是，當時看起來非常賺錢的熱門創業板公司，很多都是曇花一現，所以買創業板的熱門公司，長期來看風險極大，因為沒有歷史經營資料證明它們能持續賺錢。

我建議，應該多關注10年後很可能還會很賺錢的公司，像是生活相關

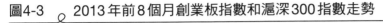

圖4-3　2013 年前 8 個月創業板指數和滬深 300 指數走勢

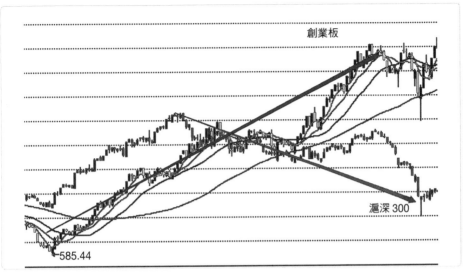

消費品，例如：牛奶、白酒、榨菜、醬油、醋、房子等。這些產業的龍頭已經持續獲利 10 年、20 年，繼續獲利的機率很大，只要有便宜的買進機會，就要毫不猶豫地入手，然後長期持有。

　　2013 年，地產公司也是被拋棄的對象。2013 年至 2019 年，銀行業和地產業的龍頭公司幾乎都上漲 300％，而曾經熱門的手機遊戲、互聯網金融、電影傳媒公司則下跌 50％以上，很多龍頭公司甚至跌幅超過 90％，慘不忍睹，哀鴻遍野。

　　當時萬科 A 跌得很慘，2013 年至 2014 年的跌幅如下頁圖 4-4 所示。前復權價格從 12 元跌到 6 元，跌幅高達 50％，絕對是遭人嫌棄的股票。但是，萬科的績效在 2013 年時，利潤為 151 億元，增幅 20.46％，而在 2014 年時，利潤為 157 億元，增幅 4.15％。這家公司賺的都是真金白銀，增幅也不低，只是被市場冷落。不過，市場很快糾正回來，2014 年至 2018 年，萬科 A 上漲 5 倍（見下頁圖 4-5）。

　　如果你在 2013 年買進萬科 A，深套時最多可能高達 50％，但這是價值

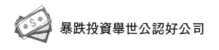

圖4-4　萬科A（2013～2014年）跌幅圖

圖4-5　萬科A走勢

投資者必須經歷的考驗。只要記住：「我不能隨波逐流，要做到人棄我取、逆向思維」，就會成為最終的贏家。

　　希望這些提醒能讓大家沉住氣，不被市場的熱門股吸引而上當受騙。一定要積極擁抱低估個股，選擇能真正賺錢的好公司，堅定遠離高估個股，特別是只有概念沒有績效的垃圾公司。要當股市常勝軍，而不是以一時的漲跌論英雄，因為理性也許會遲到，但從未缺席。

4-4

價值股 vs. 指數基金，
只做確定性高的投資

　　做確定性高的事才有未來，也就是不要投機，要做投資。面對以下兩種情況，你會選擇哪一種？

　　1. 報酬率 10%，確定性在 90% 以上。
　　2. 報酬率 50%，確定性在 30% 以下。

　　若你毫不猶豫地選擇第一種，說明你是堅定的價值投資者。若你考慮第二種，則說明你是投機者。不過，如果把大部分資金投入第一種，小部分資金投入第二種，也算是一種合理的配置資產方式。

　　多數人在股市裡長期賺不到錢，或是一賺錢又賠回去，根本原因是做了確定性很低的事。舉例來說，他們的預期獲利是買到漲停板（一天 10%），其實內心還想要更高。那麼，買到漲停板的機率是多少？目前滬深兩市總股票數量約為 4083 家，每天漲停家數平均約為 30 家，漲停的機率是 0.73%，然而買到跌停板的機率也在 0.5% 以上，所以抵消後還是賺不到錢。

　　每年股票連續兩天漲停的機率是多少？剔除買不到的剛上市新股之外，最多平均每天 5 檔漲停，連續 2 天漲停的機率是 0.12%。而且，連續 3 天

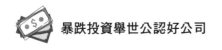

漲停的機率不到 0.01％，超過一週連續漲停的機率幾乎為 0。為這樣的機率去努力，結局注定是竹籃打水一場空。

為什麼投資一定要做確定性高的事？投資股票是為了賺錢，如果確定性低，就會虧虧賺賺、來來回回，長期來看還不如銀行存款賺得多。有些人覺得炒股純粹是為了玩，那不在我的討論範圍，我想 99％的人進入股市都是為了賺錢。

選擇確定性高的投資

曾有個粉絲留言如下。

> **"** 我投資的目的就是跑贏大盤，可以高於銀行定期存款利息或理財收益就好，不追求大富大貴，能日積月累地慢慢成長就行。 **"**

這位粉絲的目標是跑贏定期存款和理財產品，這個預期是最低的預期。如果我內心這麼打算，肯定選擇確定性更高的投資方式。因為買價值股（尤其只買一檔）還是有翻船機率，只是機率高低的問題，理論上每檔價值股都可能翻船。

當然，價值股的好處就是可能會跑贏指數基金。但長期來看，50％的價值股依然跑不贏滬深 300 指數基金。兩個機率疊加，那就更低了。假設價值股績效下滑的機率是 10％，跑贏指數基金的機率是 50％，那麼價值股能跑贏指數基金的機率只有 50％ ×90％ ＝ 45％。

如果你有能力對一家公司進行估值，選擇低估時買進，跑贏的機率會上升到 90％以上，那麼我還是鼓勵你實踐價值投資。否則，對絕大多數人來說，定期定額投資指數基金是確定性最高的投資方式。

至於像上面這位粉絲預期的收益情況，選擇一檔價值股與選擇指數基金做長期投資，哪個確定性更高？我想大家應該都能回答這個問題。

十 點 來 解 答

W：

　　我認為最好的操作只有兩種，一是以定期定額方式投資指數基金，二是與偉大企業共同成長。心態要調整好，生活不是只有投資。

>>

Doris：

　　十點老師，請教一下，我目前手上有 30 萬元，認真學習老師的文章後，開始每月定期定額投資滬深 300 指數基金，只是每月要還房貸，用於投資的錢不多，應該一次性買進還是分幾次買呢？謝謝老師費心指點。

十點：

　　如果沒有把握，就多分成幾次投入。

4-5
不要依賴預測和擇時，用2個方法判斷相對高低位

　　剛認識芒叔時，他告訴我不要靠預測做投資，我一開始不以為然，後來慢慢發現，他講的是普世真理。如果依靠預測做投資，最終的結局都是獲利歸零，除非賺錢後立刻不做投資，才能保住勝利的果實。

　　如果長期依靠預測，遲早會因為一次預測錯誤而前功盡棄，甚至傾家蕩產。而且，靠運氣賺的錢很不穩定，今天運氣好能賺錢，明天運氣差就虧錢。

　　如果不靠預測做投資，總是做確定性高、風險低的投資，那麼財富會一直累積、上漲，依靠複利的神奇力量，不知不覺就可以走到財富的巔峰。

　　真正的價值投資，是依靠研究分析去賺確定性高的錢，而倉位策略、預測策略等都要放棄，要專注研究公司生意本身和當前公司估值。

　　巴菲特曾表示：「做投資只需要學習兩門課程：如何評估公司的價值，以及如何看待市場波動。做一個成功的投資者，不需要學期權定價，關鍵是要知道如何以便宜的價格買公司。投資者必須有一個不被市場左右的心態。一個投資者必須養成良好的思維習慣，並且有意識地讓自己遠離市場，避免市場影響。」這番話值得每個散戶深思。

　　不去預測市場還有一個好處，就是避免被黑天鵝事件毀滅。舉例來說，2015年的股市暴跌，如果你當時買進的是投機類型的熱門股票，再加槓桿，

那麼在 2015 年大盤連續幾天跌停的情況下，根本毫無招架之力。如果僅憑歷史經驗，覺得這種事件不會發生，那麼將面臨滅頂之災。這就是當年許多規模上億元的大戶，出現鉅額虧損的主要原因。

如果你不預測市場，只買嚴重低估的優質個股，而且不加任何槓桿，即使遭遇 2015 年的跌幅，依然能毫髮無損，而且很快可以從中受益。在股市暴跌時，很多價值股的跌幅也超過 50%，但因為沒有槓桿，只出現短期的帳面浮虧。

股災後，這些價值股又上漲幾倍，因為股災讓大家明白不能再投機，應當買價值股，所以你反而從中受益。這就是著名的反脆弱原理，它解決的不僅是投資問題，更重要的是生活問題。

我已認識到，對於價值投資者來說，長期看預測是無效的。對於短線交易者來說，預測有一定的作用，但那需要具備千分之一的人才有的短線交易天賦。對普通人來說，預測只會適得其反，越虧越多。

放棄預測和擇時，就會走向持續獲利。評估一個投資操作，一定不能把最樂觀的情況算進去，否則沒有反脆弱性，只要碰到一次意外，複利就被打斷。

如果我們能把最壞的情況考慮進去，留出足夠的安全邊際，即使真的發生最糟的情況，也已經做好應對準備，不會有很大損失，同時還會不斷獲得驚喜，真正實現快樂投資。

✚ 破解預期心理

想要預測股票下一秒、明天、下個月的走勢，是幾乎不可能做到的事。但我們可以根據自己所學的知識，大致判斷價值股現在的位置是相對低位還是高位，就可以在相對低位買進，在相對高位賣出。

我們永遠無法做到買在最低點，賣在最高點，但大多數散戶都在追求這件事。如果股票賣出後，下跌就很開心，反之則很鬱悶，那麼大部分時間都處在痛苦中，因為幾乎做不到買在最低，賣在最高。

要讓投資快樂，首先要抓大放小，如果這檔股票符合你的預期收益，

只要我們買在相對低位，就不用糾結還有更低的價格。等符合預期股價，就直接賣出，而不是等待最高點（可能也就差幾塊錢），結果錯過最佳賣點。

任何想要買在最低點，賣在最高點的想法，都是預測心理在作祟，而且總會高估自己的預測能力，把自己當成神，結果只有失望，使投資過程痛苦不堪。

判斷個股的長期相對低位和高位比較容易，不需要太多高深的知識，使用以下兩個方法均可。

1. 跟著大盤判斷。如果現在是大盤相對低位，那麼對應的個股處於低位的機率很大。例如：2008 年、2010 年至 2013 年、2015 年下半年、2018 年的大熊市等。以價值股之一的格力電器（見圖 4-6）而言，在這些年份都是建倉的好機會。其他 90%以上的價值股也差不多。

2. 判斷價值股的相對低位。這個比較難，需要大家對一個產業、一家公司有很深的理解。一般來說，這種公司會走出獨立行情，尤其大盤好的時候，它可能沒有漲，短期沒有被關注，但是本身是好公司。

舉例來說，在 2018 年，分眾傳媒的獲利下降，市值跌到 500 多億元，而它原來一年的利潤為 50 多億元，也就是正常利潤的 10 倍本益比，成長率是 30%左右。不過，廣告行業的低迷是短期現象，我們判斷未來分眾傳媒在盈利不變的情況下，20 倍本益比是正常的，也就是說，分眾傳媒至少值 1,000 億元，而現在只有 500 多億元，具有足夠的安全邊際和很高的潛在報酬率，完全可以果斷買進。結果不到一年，分眾傳媒漲到 1,600 億元，報酬率達到 300%。

一個人一輩子能理解一、兩家公司就足夠了。不要貪心，沒有人能理解幾百家公司，巴菲特做了一輩子價值投資，才理解二十幾家公司，所以你不要試圖做一件自己無法完成的事情。

說得明白一點，對於普通人來說，根本不需要那麼多本事，只要學會一個，就是在滬深 300 指數本益比低於歷史平均水準時，一次買進滬深 300 指數基金，就能獲得超過 10%的年化報酬率，碰到牛市還能獲得驚喜。這

圖4-6　格力電器走勢

一切不是靠預測，靠的是對策。

　　只要想好能否承受最壞的情況，降低預期，買在相對低位，那麼未來就能穩穩獲得 10%左右的年化報酬率。

　　有了一個對指數本益比趨勢的判斷標準，在相對低位時，就大膽地一次買進，接下來想賣出或長期持有都可以。不用管每天央行政策如何，那不會影響大盤整體走勢，只會影響幾天的走勢。判斷走勢，不是靠預測，是靠理解與知識。有了相信指數一定會上漲的常識，你的未來將不再是夢。

十點來解答

5元：

　　價值投資就是看一檔股票的長期價值，當然會有預期，不是嗎？

十點：

　　何謂預期？就是根據現階段市場運行的結構特點和歷史規律，提前發現轉捩點和空間位置的幾種可能情況，找出機率較大的作為依據，做好布局和對策，減少臨時的錯誤判斷。

　　何謂預測？意思是預先測定或推測，看似與預期的意思相同，實則不然。預測是基本上已認定會發生，所有的對策都是基於預測而展開。預期是假如市場順應預期就參與，假如背道而馳就躲避，只參與看得懂的股票。

　　預期與預測的心理狀態不同、行動目標不同，結果自然就不同。

>>

星星娶月亮：

　　我這樣的小白還是堅持定期定額投資指數基金吧，不看盤、不炒股，10年後再來找自己之前播下的種子。雖然挺難，還是要努力改變。

十點：

　　你要慢慢感悟，可以做到的，我也是過來人。

4-6

比爾蓋茲和巴菲特都認同，專注比能力更重要

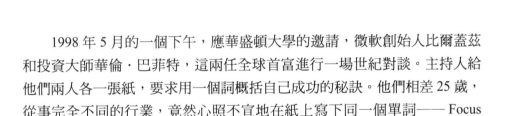

　　1998 年 5 月的一個下午，應華盛頓大學的邀請，微軟創始人比爾蓋茲和投資大師華倫・巴菲特，這兩任全球首富進行一場世紀對談。主持人給他們兩人各一張紙，要求用一個詞概括自己成功的秘訣。他們相差 25 歲，從事完全不同的行業，竟然心照不宣地在紙上寫下同一個單詞—— Focus（專注）。

　　這不是巧合，而是必然，更是常識，每個人都要深刻體會。如果你是社會新鮮人，早早體會這個常識，會比一般人成功得早、過得好。如果你已經退休，保持專注會讓你過得輕鬆又快樂。

　　巴菲特和比爾蓋茲，幾十年都在做自己一生追求的事。能保持專注的人一定能認清自己的不足，即使別人做得再出色、賺錢再多，他也一定不會受到誘惑，而跟著去做別人做的事情。

　　普通人恰恰相反，經常認為自己什麼都懂，什麼都可以做，結果在任何事情上都不專注，最後一事無成。不專注源於自己的無知，總是不承認自己不會的事，所以建議各位，從今天開始重新認識自己的優勢與弱勢，再從優勢裡挑出感興趣又擅長的事，並且專注去做，最後必能成就非凡的績效。

最大的核心競爭力

我有個朋友國中畢業後，當了十多年廚師，產生職業倦怠，想要換跑道。我建議他不一定要繼續當廚師，而是可以發揮所長，保持自己的優勢，像是研發醬料，持續專注在專業上。後來他花了六個月時間研發出一款牛肉醬，把所有精力投注在上面，結果那款牛肉醬大獲好評。

能夠做到專注，就是最大的核心競爭力。只要做到專注，不一定要做很大的生意。這與價值投資理念如出一轍，看似很慢，其實比做短線快多了，何況做短線還很可能會虧錢或者原地踏步，資產永遠增加不了。

真心建議想創業的人不要跟風，不要看別人做什麼賺錢就做什麼，最後虧錢的人永遠是你。這也和我們做價值投資一樣，與其跟風買股票，還不如選擇一個自己理解的價值股長期持有。

創業也是如此，找到自身優勢後，換一種思路，做市場真正有需求的東西，然後專注做好。這時你會發現，別人沒那麼強，大公司都無法與你競爭。你們可以試試看，因為這種創業方式投入成本不大。

最後再次強調，專注比能力更重要。投資股票也一樣，連巴菲特都只專注做幾家公司，何況是普通人？巴菲特說：「不要試圖理解幾千家公司，其實一生只要理解幾家公司就夠了。」為自己減輕負擔、提升專注，最後就能賺錢。

比爾蓋茲與巴菲特是朋友，但巴菲特不買微軟公司的股票，所以你也不要試圖透過不相干的人得到消息，妄想在股市裡賺大錢。如果無法理解任何公司的商業模式，就專注理解指數基金的價值投資模式，同樣可以超越 90% 的普通人，並透過複利成長賺大錢。不要試圖找到一檔黑馬股，並妄想發大財，這樣還不如買張樂透。

不管是創業還是做股票，這些話都值得反覆深思。

4-7

從 10 年後的角度看現在，才能找到今天的牛股

　　知名投資家段永平在 2011 年上半年，投入鉅資買進蘋果公司的股票，長期持有到現在。他對蘋果公司的理解，以及其中蘊含的價值投資思路，非常適合大家學習。

　　2011 年上半年，是蘋果公司最不確定的時期，創辦人賈伯斯病危（2011 年 10 月去世），很多人都覺得蘋果公司沒有賈伯斯，股價馬上就會下跌。那時候，蘋果公司的市值是 3,000 億至 4,000 億美元，不過段永平沒有盲從大眾的觀點，他認為蘋果會是全世界第一家市值達到 1 萬億美元的公司。

　　這種高瞻遠矚的看法很快成為現實，不知不覺，截至 2020 年 8 月 8 日蘋果公司的總市值已經將近 2 萬億美元，比段永平預計的 1 萬億美元多了一倍。

　　有時我們會用過去的眼光看未來，而受到侷限。舉例來說，20 年前沃爾瑪市值突破 2,000 億美元時，大家都覺得不可思議，認為一家公司漲到 2,000 億美元不可能再高了。結果，2020 年市值最高的公司已達到 2 萬億美元。未來怎麼能保證，一家公司的市值不可能達到 20 萬億美元，甚至 200 萬億美元？

　　2020 年 8 月，在美股的中概股公司當中，阿里巴巴和騰訊的市值都超過 7,000 億美元，差不多是 5 萬億元人民幣。相較之下，在 A 股當中市值

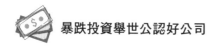

表4-1 總市值前10名的公司（2020年8月）

序號	代碼	名稱	總市值
1	600519	貴州茅台	20,576.02 億
2	601398	工商銀行	17,891.59 億
3	601288	農業銀行	11,374.45 億
4	601318	中國平安	14,103.21 億
5	601628	中國人壽	11,178.69 億
6	000858	五糧液	8,190.97 億
7	600036	招商銀行	9,336.39 億
8	601857	中國石油	8,290.85 億
9	601988	中國銀行	9,891.43 億
10	603288	海天味業	4,882.70 億

單位：人民幣

超過 1 萬億元的公司只有五家，總市值第 10 名的公司才 4,000 多億元，總市值第 1 名的貴州茅台也才 2 萬億元，不到阿里巴巴或騰訊的一半（見表4-1）。所以 A 股現在的空間還很大，未來的空間更大，因為全世界市值最高的公司還在漲。

當然，不僅比市值，更重要的是公司可持續的獲利能力。要提升對一家公司市值規模的認識，即使蘋果的 2 萬億美元市值也絕不是頂峰。隨著通貨膨脹和公司獲利能力的提升，好公司的優質資產價值肯定會越來越高。未來一定會出現市值 20 萬億美元的公司，但不一定是蘋果。就像 20 年前的沃爾瑪是全世界市值最高的公司，站在 20 年前展望未來，可以預期一定會出現市值 2 萬億美元的公司，但不一定是沃爾瑪。

凡事要有遠見，站在未來的角度洞察未來。如果以現在的角度來看，很多公司都太貴了，但如果站在 10 年後的角度觀察現在，很多公司都太便

宜了，這就是不同角度看問題的差距。站在未來才能找到今天的牛股。例如，2018 年我們分析的那些價值股，兩年後回頭去看，當時的價格已經在山腳上。

十點來解答

楊雙狗 sw：

還是不太明白段先生是從哪些角度去估值。他只是説出一個大概的數字，但他的依據是什麼？以及他從哪些方面判斷？如果一個公司值 5,000 億美元，我肯定清楚它的價格在 5,000 億美元以下都是便宜的，但是從哪個角度去判斷它大概值 5,000 億美元呢？

十點：

估值重要的是估計的準確，不要錯誤的精確。

>>

PandaAllen：

很多人因為沒有好的投資方向或就業機會，內心充滿恐懼和焦躁，然後來到股市，希望得到安慰，期望證明自己。今年股市，大起大落，這個時候遇到您，像被潑一盆冷水，讓我清醒……。

十點：

面對現實，對自己誠實是我們避免意外痛苦的根本保障。

4-8
什麼技巧都不會又怕踩雷，採取傻瓜式價值投資法

　　如果不會估值、不會看財報、不會選公司、怕踩雷、不想買指數，還有什麼方法可以實踐價值投資嗎？有的，以下介紹一種傻瓜式價值投資法，共有 4 個步驟。

　　第一步，把投資週期拉長到以年為單位做判斷。有一句話說：「如果以年為單位投資，那麼你就超越 90％的人。」大部分人喜歡做一件馬上見效的事，因此他們被股市的短線炒作吸引，並且樂此不疲，即使虧錢也很起勁。

　　殊不知，市場裡的聰明資金就是利用人性的弱點，讓市場非理性波動，來賺大家的錢。市場裡的聰明資金，都是以理性的長期投資為基礎，穩紮穩打地賺錢，不會受短期市場情緒的波動影響。相較之下，大家卻被市場波動牽制，做出非理性的頻繁交易決策，高買低賣。

　　如果能遠離市場每分鐘的波動，拉長到以年為單位，理性看待一家公司的價格波動，99.99％的人不會做出高買低賣這樣愚笨的交易行為。我們比較同樣一家公司的不同視角。

　　圖 4-7 的日線波動，是不是會讓你寢食難安？圖 4-8 的年線波動，是不是可以讓你對什麼時候是最好的買進時機一目了然？

　　第二步，看年線收黑的年份。把以往分析過的所有價值股，調成以年

圖4-7　某股日線圖

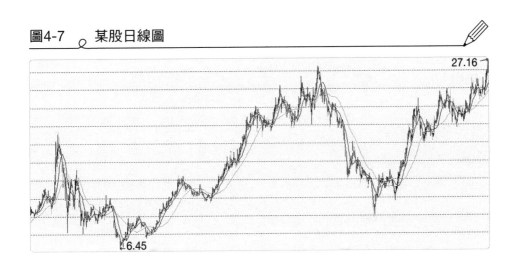

圖4-8　某股年線圖

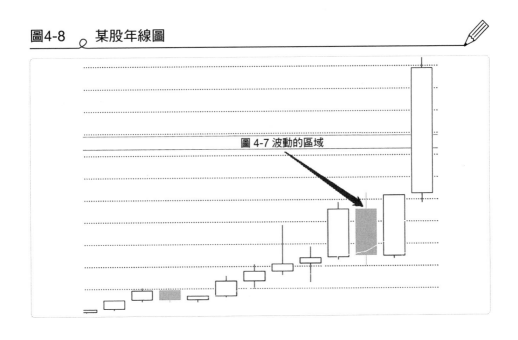

圖 4-7 波動的區域

圖4-9　中國中免年線圖

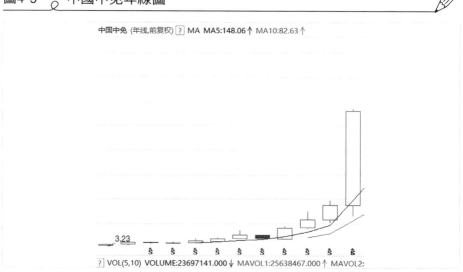

為單位的 K 線圖，如第 176 頁至第 178 頁的圖 4-9 到圖 4-13。

　　看了以上價值股的年線圖，有沒有發現，這些價值股的一個共同特徵是長期股價一直向上，但歷史年份中收黑時，都是買進的絕佳時刻。這就引出第三步的具體方法。

　　第三步，每年 12 月的最後一個交易日，查看所有你關注的價值股中，是否有年線收黑的公司。如果有，就全倉買進，然後關閉帳戶，等到第二年 12 月的最後一個交易日。如果漲得多，可以賣掉一些。如果沒漲太多，可以繼續持有。如果跌得多，就繼續買進，除非這家公司基本面發生重大變故。

　　一般的經營困難則無傷大雅，可以大膽持有，甚至可以加倉。如此反覆，每年賣掉前一年漲得多的價值股，買進前一年跌得多的價值股，不知不覺總資產會越來越多。對比之下，你一年只要操作一次，平時可以努力工作賺更多的現金，買好公司時便有更多的籌碼。

　　什麼才叫漲得多？什麼才叫跌得多？如果歷年平均漲幅都在 20%，今年突然上漲 50%，甚至 100%，很可能漲得過高，下一年回落的機率很大。

圖4-10 　 洋河股份年線圖

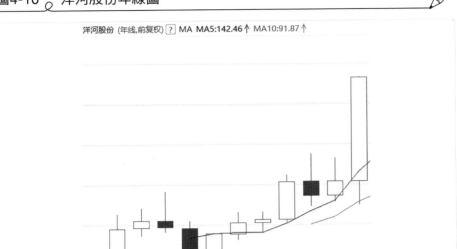

圖4-11 　 愛爾眼科年線圖

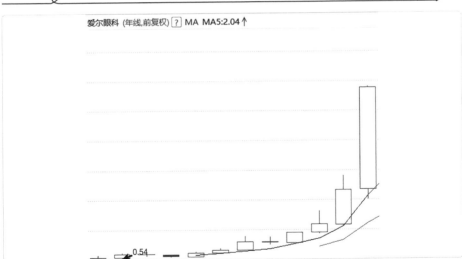

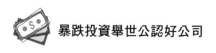

圖4-12 ○ 伊利股份年線圖

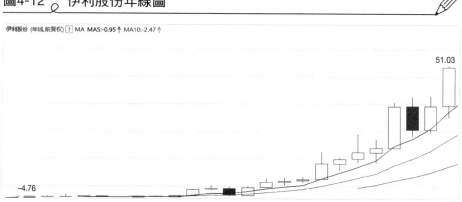

圖4-13 ○ 海天味業年線圖

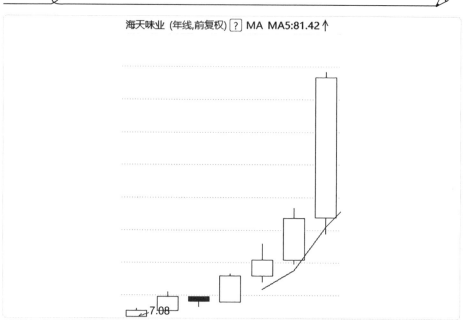

同時再看看這家公司的股東權益報酬率，如果沒有大幅提升，這種上漲一定是透支未來的績效。

　　第四步，選擇買進的公司時，先看看公司的配息記錄，是不是長年穩定。可以先排除間斷過配息的公司，因為穩定性不夠，極有可能出現連續下跌 2、3 年的情況，影響單年的報酬率。而且連續穩定的配息也說明公司的現金流充沛，利潤也是真金白銀。

　　另外也可以注意，如果公司頻繁拆股、送股都是資本套路，真正的好公司不會玩這種套路。例如：巴菲特的波克夏·海瑟威公司從不拆股，所以單股股價高達 30 萬美元。總之，沒有一個 100% 沒問題的好方法，在投資路上，提升自己的知識，鑑別真偽，成功機率才會越來越高，獲利自然也會越來越多。

　　在投資的道路上難免犯錯，巴菲特也是犯過很多錯才成為股神。不要怕犯錯，只要不斷提升自己的反脆弱性，不犯下致命性的錯誤，你將會越來越強大。

　　本節介紹的方法可以讓你省時省力，實現較高的獲利。從長遠來看，這個方法的風險非常低，因為這些好公司經過一年的調整，績效持續成長，最後市場一定會矯正錯誤估值，使得這些個股上漲。這個週期可能是一年至三年，而且時間越長，矯正的機率越大，所以需要以年為單位，進行長期投資。

╋ 陰陽式銀行股操作法

　　當然，上述方法是以價值股沒有踩雷為前提條件，如果碰上有財報造假等行為的公司，一樣會虧錢，這就是風險所在。那麼，有沒有風險更低的傻瓜式價值投資法呢？有的，下面詳細介紹陰陽式銀行股操作法。

　　具體方法是在年線收黑的年末買進，在年線收紅的年末賣出（一般來說，漲幅超過 10%，可以自行設定預期報酬率標準）。由於上市的銀行基本上都是大型銀行，經營穩定，幾乎沒有倒閉的可能，也沒有財報造假的可能，所以長期來看，風險很低，以工商銀行為例（見下頁圖 4-14）。

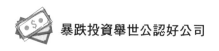

圖4-14 工商銀行年線圖

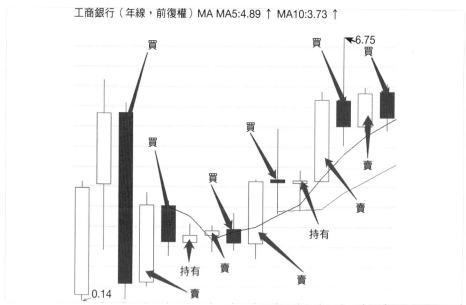

圖 4-14 為工商銀行的年線圖，我們可以根據當年收黑收紅的情況，在年末操作一次交易，如果嚴格遵循設定的方法，從 2008 年到 2019 年，可以獲得多少利潤呢？（以 10 萬元初始資本為基數）

・2008 年年末買進 10 萬元。

・2009 年年末獲得 53.74％報酬，全倉賣出，總資產約為 15.3 萬元。

・2010 年年末買進。

・2011 年年末獲得 3.97％報酬，繼續持有，因為沒有達到一年 10％的預期報酬率，總資產約為 15.9 萬元。

・2012 年年末獲得 2.41％報酬，繼續持有，因為沒有達到一年 10％的預期報酬率，總資產約為 16.4 萬元。

・2013 年年末獲得 −4.43％報酬，繼續持有，因為沒有達到一年 10％的預期報酬率，總資產約為 15.6 萬元。

・2014 年年末獲得 34.39％報酬，全倉賣出，總資產約為 21.2 萬元。

・2015 年年末買進。

・2016 年年末獲得 1.11％報酬，繼續持有，因為沒有達到一年 10％的預期報酬率，總資產約為 21.2 萬元。

・2017 年年末獲得 33.18％報酬，全倉賣出，總資產約為 28.3 萬元。

・2018 年年末買進。

・2019 年年末獲得 11.13％報酬，全倉賣出，總資產約為 31.5 萬元。

　　以上資訊清楚展現整個買賣過程，用陰陽式銀行股操作法買賣工商銀行，每年操作一次，不需要盯盤，從 2008 年到 2019 年，11 年能獲得 2 倍的收益。

　　假設加上資金閒置時買進年化報酬率 5％左右的理財產品，那麼最後的總資產約為 42 萬元。11 年獲得 320％的報酬率，而且風險極低，花費精力極少，只需要按照規則來操作即可。

　　如果用傳統的方法，在 2008 年年末買進，長期持有到 2019 年，報酬率大約是 135％，相比之下頗有差距。

　　買進其他銀行股會不會有這個效果呢？我們再看一下建設銀行，如下頁圖 4-15 所示。

　　大家可以根據上述買賣工商銀行的方法自行計算。我粗略計算，從 2008 年開始，按照陰陽式銀行股操作法，買賣建設銀行，可以獲得大約 313％的報酬。如果再加上資金閒置時買進年化報酬率 5％左右的理財產品的報酬，最後的總報酬率約 357％。

　　如果用傳統的方法買進並長期持有，11 年能獲得 163％的報酬率，兩者相差 150 個百分點，效果是顯而易見的。

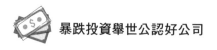
圖4-15　建設銀行年線圖

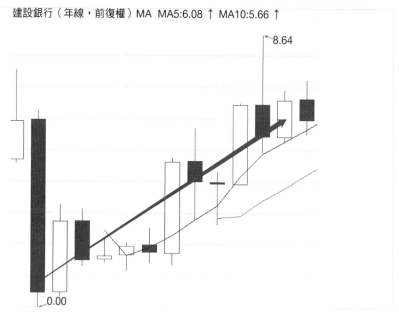

建設銀行（年線，前復權）MA　MA5:6.08 ↑ MA10:5.66 ↑

8.64

0.00

十 點 來 解 答

海闊天空：

　　老師，現在我的股票持股大多是您介紹的價值股，總共有十幾檔。我看得有些吃力，想要賣出幾檔，可是不知道該留哪些，老師能幫我選出三檔嗎？

十點：

　　這是個難題，但也很簡單，方法就是：你最理解其中哪個公司的商業模式，它就是你的價值股！堅定持有你能理解的公司。

>>>

兜好 MUM：

選擇招商銀行這種非公股銀行可以嗎？還是用陰陽式銀行股操作法，選擇公股銀行會更穩呢？

十點：

其實只要是穩定經營的公司都可以，只是公股銀行波動小，確定性更高而已。

>>>

陳智（Ricky）：

十點老師，非常感謝您一直以來為散戶指路，我有兩個疑問，您可否解答一下，多謝。第一個，時間點選擇上為什麼選年線？如果選年報或半年報發布後的時點，會是什麼情況？

第二個，用這種投資方式選銀行股，是不是為了波動小？若是為了波動小，是不是選民生消費產業的波動更小，像是海天味業？

十點：

第一個問題：習慣上，按年設定時間點會更容易理解，也更容易評測一家公司是高估還是低估。

第二個問題：銀行股的好處是不會倒閉，企業經營成熟，資本市場不會給超額的估值，所以比較有規律可循，而其他公司，尤其是高成長的公司，有很高的機率會連續陽線，海天味業就是這樣的情況，所以這個方法不適合。

4-9

以模糊的準確，計算公司的估值和未來利潤

　　我明確地告訴大家，如果能按照前文說的嚴格執行，最終獲利很可能會遠高於以定期定額方式投資基金。

　　很多人想問：「之前一直要我們定期定額投資基金，怎麼現在改變說法了呢？」其實不是改變說法，只是把方法升級。當你處於長期虧損的泥沼時，應該老實採取定期定額方式，先解決虧損問題。在解決虧損問題並確實嘗到價值投資、長期投資的甜頭後，接下來的升級才能從內心改變，達到一年操作一次的高要求。

　　在大牛市和大熊市中，市場每天都有巨大的誘惑，投資者想要放任市場一年的風雲變幻不管，且紋絲不動，需要非常高的抵抗力和定力，一般人做不到。只有堅定的價值投資者，以及嘗遍股市的辛酸而回頭的人，才能深刻領悟一年操作一次的好處。否則，很快會被市場波動吸引，而失去理智。

　　巴菲特曾說：「拿著錢什麼都不做是最難的。」許多人很難一天不看盤、一天不操作，更何況要他們拿著錢卻一年都不動。不過，這件事對於堅定的價值投資者來說很簡單，因為傻瓜式價值投資法就是拿著錢一年不動。

　　價值投資是化繁為簡、堅定理念、言行一致。傻瓜式價值投資法僅限堅定的價值投資者使用，如果你對價值投資一知半解，或是抱持懷疑態度，

甚至尚未解決虧損問題，那麼最好以定期定額方式投資指數基金，這樣干擾最少。

推薦兩種類型的人體驗傻瓜式價值投資法：長期定期定額投資指數基金而獲利的人；買進價值股並長期持有而賺錢的人，因為他們悟到長期價值投資的好處。

這個方法可以讓你更省力，更明確買賣點，有更高的預期報酬。不像以前做股票，不論買賣時機還是中間波動，總是要問別人，用這個方法能解決一系列的問題。

✛ 前復權和後復權的計算誤差

另外，我要說明前復權與後復權的計算誤差。曾有粉絲留言，用前復權和後復權，分別計算同一區間內（2009 年至 2019 年）的工商銀行投資報酬，會有很大的差別。下面我具體解答這個問題。

前復權：總報酬率是 577.11%（見下頁圖 4-16）。
後復權：總報酬率是 135.50%（見下頁圖 4-17）。
不復權：總報酬率是 66.10%（見第 187 頁圖 4-18）。

到底哪個方法更準確？其實全部都不精確，因為工商銀行的配息較多。如果沒有配息，用前復權和後復權方式計算出來的結果是一樣的，不復權只是少了送的股票持股。

假設一檔股價為 1 元的股票，之前一週價格為 0.8 元，配息 0.5 元，除權後股價變成 0.5 元。如果是前復權，相當於除權前股價是 0.5 元，除權後也是 0.5 元，除權前一週為 0.3 元，計算期間漲幅為 66.67%。由於高配息，前復權把分母變小，所以計算出的漲幅特別大，有很大的誤差。

如果是後復權，相當於除權前股價是 1 元，除權前一週為 0.8 元，除權後復權成 1 元，計算期間漲幅為 25%。如果要計算期間漲幅，就要考慮除權涉及的配息或配股，無論前復權還是後復權，計算的結果都有偏差。如

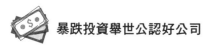

圖4-16 工商銀行區間漲幅統計（前復權）

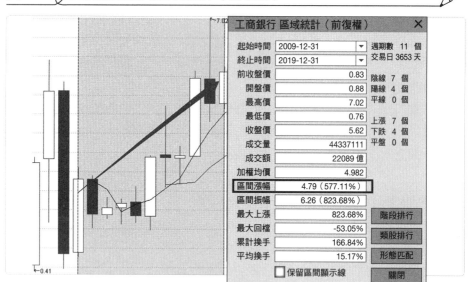

圖4-17 工商銀行區間漲幅統計（後復權）

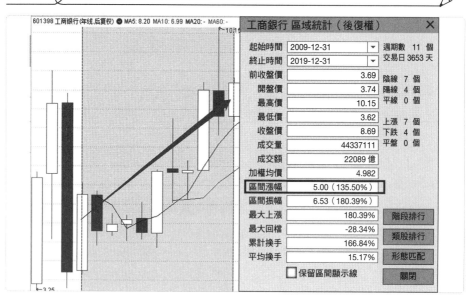

圖4-18　工商銀行區間漲幅統計（不復權）

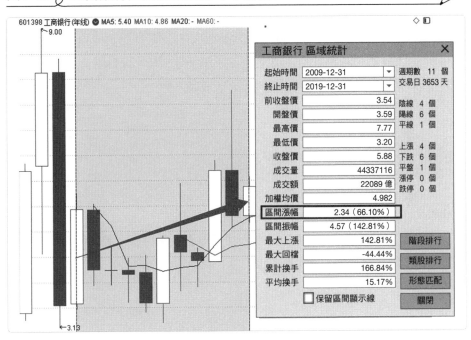

果看盤軟體中有等比復權，用等比復權計算結果，基本上是正確的。

其實，我們不必計算得很仔細，有大致的數據作參考即可。最正確的計算方法是「不復權＋配息累計」，這樣計算出的是精確數據。舉例來說，就工商銀行而言，2009 年至 2019 年不復權的計算結果，總報酬是 66.10%，而這 10 年累計配息是一股 2.78 元，這樣區間末的股價是 5.88 元 ＋ 2.78 元 ＝ 8.66 元，而區間初始股價為 3.59 元，這樣計算的區間漲幅為 （8.66 － 3.59）÷3.59 ＝ 141%。

做價值投資時，儘量把精力花到模糊的準確上，不要花到精確的錯誤上。對一家公司的估值或未來盈利額估計，都是知道大概原理，大致估算即可，不用精確計算。

就像當年巴菲特對中國石油的估值，他看到中國石油的公開數據，便知道公司本身的價值遠高於市值，當時的股價一定便宜，然後就買進。

另一個例子，之前芒叔對一家房地產企業進行估值時，也是簡單羅列幾條大業務線，加起來至少值 1,500 億元，而當時這家公司的總市值只有 500 億元，怎麼算都是便宜，就可以大膽買進。

實際計算結果可能沒有那麼精確，但如果計算方向錯誤，算得再準確也毫無意義。希望這個道理能為大家帶來啟發。

十 點 來 解 答

楊雙狗 sw：

我昨天用傻瓜式價值投資法，看了一些食品和白酒行業公司的年線，它們連續幾年都是向上的，這怎麼操作？耐心等待回檔嗎？

十點：

好的價值股不適合這個方法。

>>

JackieChu：

說得很有道理，但人生有多少個 10 年可以讓你等？

十點：

如果你的 10 年可以賺更多，大可不必按照我的理財計畫做。我只給大部分在股市長期虧損的讀者作參考。

國家圖書館出版品預行編目 (CIP) 資料

暴跌投資舉世公認好公司：實戰證明散戶唯一能穩賺30%的操作策略／
十點著. -- 新北市：大樂文化有限公司, 2024.01
192面；17×23公分. --（Money；050）

ISBN：978-626-7422-02-1（平裝）
1.股票投資 2.投資分析

563.53　　　　　　　　　　　　　　　　　　　　　112021300

Money 050

暴跌投資舉世公認好公司
實戰證明散戶唯一能穩賺30%的操作策略

作　　　者／十　點
封面設計／蕭壽佳
內頁排版／蔡育涵、思思
責任編輯／周孟玟
主　　　編／皮海屏
發行專員／張紜蓁
發行主任／鄭羽希
財務經理／陳碧蘭
發行經理／高世權
總編輯、總經理／蔡連壽
出　版　者／大樂文化有限公司（優渥誌）
　　　　　　地址：220 新北市板橋區文化路一段 268 號 18 樓 之 1
　　　　　　電話：（02）2258-3656
　　　　　　傳真：（02）2258-3660
　　　　　　詢問購書相關資訊請洽：（02）2258-3656
　　　　　　郵政劃撥帳號／50211045　戶名／大樂文化有限公司

香港發行／豐達出版發行有限公司
地址：香港柴灣永泰道70號柴灣工業城2期1805室
電話：852-2172 6513　傳真：852-2172 4355

法律顧問／第一國際法律事務所余淑杏律師
印　　　刷／韋懋實業有限公司

出版日期／2024年01月25日
定　　　價／280 元（缺頁或損毀的書，請寄回更換）
Ｉ Ｓ Ｂ Ｎ／978-626-7422-02-1